宇宙は愛のエネルギーに
満ちています。
さまざまな星々が、
自分の愛の歌を精一杯、
声を上げて歌っております。
その音が、その言霊が、
すべてをつくり
生かす愛の表現なのです。

あなた方の協力なしに
地球がアセンションすることは
あり得ないのである。
そこに住まう者たちの霊的エネルギーと、
地球意識が次の次元に行きたいと、
創造したいと、
次のステージに行きたいと思う思いと、
そこに住まう者たちの認識力が、
そしてその時期が、すべてが合ったときに、
その惑星は次のステージの
使命を与えられるのである。

ほかの惑星はみんな、
地球のようになるのが恐ろしいのだ。
自分たちの世界に
異種のものをどんどん受け入れ、
その中で理解し合えないことによって
地獄界が増大し、
惑星の統制が取れなくなることによって
混乱を招いている。

そして、地球意識自体が
暗黒エネルギーの中で苦しみ、のたうっている。

地獄界というところがあるということは、
地獄界で修行するということが許されている、
ありがたい星であるということなのですよ。
ほかの惑星には、地獄は存在を許されない星々が多いのです。
地球神霊は、どれだけおつらいことでしょう。
ご自分の身体（からだ）の一部を、
地獄界のように光をさえぎるところの者たちに
提供しているのです。

「自分たちでは防ぐことができないから、
天変地異はいちばん恐ろしい」と、
よく言われるかもしれないが、
それは宇宙の法則のままに、
あなた方が自ら
引き寄せてしまっている結果なのだ。

あなた方は宇宙の中の
地球というところに放り出され、
勝手にひとりで生きている、
孤独な人類ではないということ。
大宇宙に抱きしめられ、
内も外もわたくしたち地球意識の愛の思いで抱きしめられて、
今存在しているということに、どうか気づいてほしい。
必要ならば、わたくしの名を呼びなさい。
「テラ」、そして「ガイア」と呼びなさい。

我々の愛を受け取ってほしい。
我々の愛に気づいてほしい。

そして、気づいたのならば、
どうかあなた方も、
愛を放つ神の子として
生きてほしい。
そのような者たちが住まう
地球というものを、
わたくしは夢見ている。

まえがき

レムリア・ルネッサンスのアマーリエでございます。

今この時にこの書物を、皆様のお手元にお届けできますことを、心から光栄なことだと神様に感謝しております。

私は、この十年、いわゆるあの世と呼ばれる天上界から、百人近い霊人方からのメッセージを受けて参りました。歴史上の方がたなどの人格霊と呼ばれる方がたです。その内容は、すでに二十冊のメッセージ集で大半が出版されております。

今回のこの書物は人格霊ではなくて、地球、太陽、月、大宇宙オームという、宇宙の意識であります。私が受けたメッセージの究極であり、クライマックスの一冊になると思います。おそらく私は、この一冊を世に出すために、神様から使命をいただき、地上に降り立ったのかもしれません。

では、なぜ、このような地球規模の救世計画が、起きたのかを、少しご説明しておきましょう。人類は二十世紀後半にかけて、物質文明を科学の発展とともに追い求めてきました。唯物思想が蔓延し、神や信仰など信じる者は狂信、妄信のたぐいである、知的な常識人ではないという考えが、特に、戦後の日本の社会通念になってしまいました。残念なことです。古来、日本は神の国として、日向（卑弥呼）様、天照大神様や聖徳太子などの信仰心篤い指導者のもとに和という、大調和の天命のある国なのです。

今や、この不自然な社会通念についていけない、ついていきたくない若者たちが、無気力になって、人生の目的を見出せずに苦しんでいるのです。そして、否定された自らの存在証明を求めて、数々の事件を起こして暴れて、もがいているのだと思います。上手く、今の社会に適合できたような方がたの中にも、どこか、こんな生き方で良いのかと、魂の飢えを抱えておられる方も多いはずなのです。

いかに科学が進もうと、物質が豊かになろうと、幸福感は、物質的な満足だけでは満たせません。自分自身が何者であり、自分らしく輝けて生きられたときに人は生き甲斐を感じ、魂の充足感を感じ、幸福になります。ならば、私たち人類とはいったい何者なのでしょうか。

実は私たちは神の子という神様の愛のエネルギーの一部なのです。

信じられない方がたも多いでしょうが、神は確かに存在します。そして、私たちは宇宙の意思によりつくられた、神の愛のエネルギーを分けてつくられた神の子であります。

神を否定することは、自らを否定することになります。偏差値などのひとつの価値観だけで他者と比べて、優劣をつけるのではなく、すべて私たちは皆、それぞれが唯一無二のかけがえのない、多様な個性に溢れる神様に創造された愛のエネルギー体なのです。多様だからこそ、神様の宇宙の花園はたくさんの花ばなで彩られて美しいのです。他人と同じである必要はないのです。自己責任と自由意志を持って、自らの個性と神の子の愛のエネルギーを輝かせましょう。

今、地球人類は物質文明や科学文明を発達させて上りつめて、今一度自らの霊性に立ち戻るときが来ています。人間とは、単なるこの物質的な肉体だけの存在などではなくて、輪廻転生して愛の意味を学ぶ、永遠の命を持つ神の子なのだということにもう、人類は気づかなければなりません。

神を目に見えぬからナンセンスだと否定するかと思えば、一方では今世界は、自分たちの神の威信をかけて、最終兵器を突きつけあいながら、滅亡の危機に瀕しているのです。彼らは同じ父を持つ兄弟なのに。エホバもヤーウェもアラーも実は、地球を指導してこられた、破格的なひとりの霊人なのです。だから、モーゼのユダヤ教もイエスのキリスト教もマホメットのイスラム教も、同じ神霊のもとから生み出され、愛し育まれた兄弟たちなのです。

地球に太陽がひとつしかないように、地球を指導して守ってこられた、天上界はひとつです。各宗教がそれぞれの地域性や民族性に合わせて、ギリシャにはゼウス神が西洋文明の源流をつくり、仏陀(ぶっだ)が東洋の源流をおつくりになりました。中東に、エホバでありヤーウェでありアラーである、エル・ランティと言われる神がモーゼ、イエス・キリスト、マホメットという救世主を地上に送り込まれ、指導してこられたのです。それは、科学文明が発達したら、宗教と科学が、東洋思想と西洋思想が、そして、別々の神により指導された者たちが、実は同じ父を持つ兄弟たちだった、地球人類を指導してきた、天上界はひとつだったんだと、今日最後にすべてがひとつに統合されるためだったのです。

人類が地球人として目覚め、新たな使命を自覚する宇宙時代の幕開けの時がもう目の前に迫っているのです。宇宙中の友だちが、地球人類の飛躍の時を息を殺して見守ってくれています。水瓶座(みずがめ)の時代、アクエリアスの時代とは、霊性の目覚めの時代を意味します。地球人同士で宇宙船地球号の中で、兄弟姉妹が殺し合う愚かなことはもうやめなくてはなりません。

地球神霊の父テラ様、母ガイア様の深い愛に気づいたならば、私たち人類は私たちを産み育ててくださった地球を、これ以上傷つけ破壊することをやめて、互いに地球人類として家族だと、国境や民族を超えて、手を取り合い、愛し合い、平和な美しい愛の星地球をつくっていきたいものです。今まで、自らを既成概念で縛り、真の神の子として、自分自身の素晴らしい可能性に気づけなかった私たち一人ひとりが、神の子としての自らの力と尊厳に気づき、神の愛の表現体として輝けるときがくることを願って、この一冊を世に送ります。

皆様のお心に届きますように。

愛と感謝をこめて　アマーリエ

目次

ガイアの祈り
光ある愛の星にアセンション

第一章　愛する地球の子どもたちへ
オーム（宇宙神霊）からのメッセージ
二〇〇八年一月十一日

理解してほしい。
あなた方はわたくしであり、わたくしはあなた方である。
マクロ的な視点において、あなた方はわたくしになる。
わたくしの姿をもって、あなた方を創造したということ。

1　神の愛とは各次元の世界に生命の息吹を表現するもの

大宇宙に遍在するエネルギーはオームの、宇宙の身体です。

「宇宙空間は真空だ」と言われますけど、真空は何もないわけではなくて、このオームの愛のバイブレーション——。これはたとえて言うならば、母親の胎内の羊水のようなものです。温かくて一切を育む愛の温もり、一切を生み出す栄養、可能性、それが宇宙空間にはぎっしりと詰まっています。それをあなたたちが見ることができないからといって、「何もない」と言うのは間違いです。

神の愛があらゆる生命の可能性を含み、そこここに遍在するすべてのマテリアル、材料、素材を宇宙空間に込めて、そこに神の世界からの理念、「このような存在をあらしめたい」と思う理念が降りきたったときに、その中にある、羊水の中にある素材を使って、ひとつの求心的な磁場ができることによって、そこに一挙に集中して引きつけられて、この三次元に物体化する。そういうふうにやって宇宙はできてきました。

この大宇宙の空間は母親の胎内であると、とらえてみてください。胎内には、幼子を包んでいる羊水と胎盤があります。羊水の中には、人体を構成するありとあらゆる栄養素が、もうすでに存在しているのではないでしょうか。でも、その胎内には、いつも胎児がいるわけではありません。そこに宿らんとする意志によって、ひとつの生命体が使命を受けて降り立つということが決まって着床したときに、そこに創造が始まるのです。

宇宙も全くそれと同じ形態で構成されています。あなた方の住んでいる惑星も、太陽系も、すべての宇宙はそうやってつくられたのです。

神の愛。神の愛に満ちたバイブレーション。

あなた方を創造せしめるその物質の中に、エネルギーの中に、愛は込められているのです。あなた方を形成している物質の中に、エネルギーの中に、愛は込められているのです。

あなた方の肉体がどのような粒子、素材でできているのか。どのような愛によって受精し、核分裂の中で遺伝的な形態を形成し、どのように羊水の中で育まれ、あなた方人類というものが存在するようになったか。そのすべてのプロセスが神の愛であるということ。

愛というものが観念的な、精神的なものであると、あなた方は思っておられるかもしれないけれども、神の愛というのは、三次元に物体化し、そこにおき創造していくということ。あなた方はすぐ、物質的なもの、その科学的な現実的な実態というものと、愛というものを精神的な思い、遊戯（ゆうぎ）にしてしまって、切り離してしまうから、そこで分離し違和感があるのだと思う。

神の愛とは、愛の思いイコールこの世界に、各次元の世界に創造し、あらゆるものをつくり上げ、そこに命を吹き込み、そこに神の愛の表現形態を実存させていく、生命の息吹（いぶき）をそこここに表現していく、その現れ、行い、それが愛そのものであるということ。そこのところをあなた方地球人類は理解しなくてはいけない。

たとえあなた方の身体をつくっている、ほんとうにわずかな小さな小さな細胞、粒子の中においても、原子の中においても、そこにすべて神の愛の摂理（せつり）は込められて存在しているのだということ。それをわかっていただきたい。それがあなた方が今、地球人がこれから獲得しなければいけない、神の子という自分自身に気づいたあとの己自身が持っている創造力というもの、その力の使い方、それに結びついていくのです。

人類はみな神の子であり、オーム宇宙の中にある創造原理と同じ力を持っているということが、観念的にはわかっているけれども、その力を発揮することができないのは、そういうことなのだ。

2 神の創造原理の力を使って地球の未来を具現化せよ

あなた方の中にある自分の力、それは大宇宙の中に遍在する羊水のような神の愛の思い。そのマテリアルを一点に集中し、そこに、その個性ある生命体の使命をなさんがために、「その次元に存在せよ」という思いが集中して一点に集約したときに、それは強力な強力な磁場となり、周りにある愛の思い、愛の物質を引き寄せ、うねらせ、らせんのごとく回転しながら、その存在を現しめるために動き出す。大宇宙はすべてそうやって具現化され、構成されてきている。

あなた方が持っている力も同じである。材料があって、そして、強い意志のもとに、この世にどのようなビジョンを「かくあるべし」と、「かくあれ」と願い続けるか。その集約された集中力と、そこに神と同じ、これこそが神の愛の表現形態として存在せしむるに真に価値があるものであるとの確信のもとに、己自身の力を、全身全霊を込めて願ってみよ。一人ひとりが真に神の子の己自身に立ち戻って――。

神の子というより、あなた方はわたくしオーム宇宙の一部である。神の一部であるから「神の子」と言うけれども、あなた方もこの集合意識であるオーム、神そのものの現れである。神そのものの現れであるのならば、オームが、大宇宙がやっている創造原理を、あなた方もできるのである。

あなた方の世界で「法力(ほうりき)」と呼ばれて、さげすまれているものがあるかもしれないが、彼らはその精神的な念波(ねんぱ)を一点に集中し、強く願うことによって、各次元にあらゆるものを創造してみせるという、その精神力が強い者たちなのである。

知的に偏(かたよ)っていくと、神の創造原理として与えられている、本来の自分の能力を失っていくように思う。あなた方と違う惑星の者であったとしても、知的なものに偏り、その能力の進化が科学的な方向だけに行き、己自身の真の神の子としての、神の属性(ぞくせい)としての創造原理、愛の原理から離れていって、衰退化している者もいるであろう。そういう神の摂理の流れから外(はず)れた者は、この宇宙の総合的な、共鳴したエナジーの場からははじき出され、その思想においても生き延びることができなくなるという、そういう事実がある。

あなた方が愛の教えとか科学的な進歩とかいうのは、さっきからあなた方に言っているようにそれは「星間物質（せいかんぶっしつ）」と言われているマテリアルそのものなのである。あなた方が知らない、原子・粒子・素粒子、さまざまなものが、光線を含めて宇宙にはたくさんある。今の地球人が知っているものなど、ほんのわずかなものにしかすぎない。それを突き詰めていくのが科学という目であろう。そして、科学が発見したもの、テクノロジーも含めてその素材を使って、宇宙の中に地球の未来をつくり出すようにしなさい。

ここから先は神の子として、否（いな）、神の現れとして、あなた方一人ひとりが神として、いかにこの地球において、全宇宙にあまねく流れている愛のバイブレーション、愛の創造原理にかなった未来を地球に持つことができ、それを一人ひとりが具現化することができるかということだけが、地球の将来を、未来を決めていくということに気づきなさい。

大宇宙は、神の創造原理と愛の思いで満ち満ちている。あらゆる可能性を含み、日々成長、進化発展している。その進化発展していく愛の思いは、神という属性の中においてみな同じベクトルを放っている。あなた方が、もしそれと逆行するベクトルを選ぶのであるのならば、地球という惑星のこれからの進化はなくなってしまう。

今までは、何が起きてもひとつの惑星内だけの成長レベルということで存在を許されてきたけれども、これから先は、大宇宙の仲間として真に目覚めた神の意識、神の細胞としての自覚というものを持って、その惑星の使命を果たしていく、そのようにそこに住まう者たちも意識を上げなくては、地球意識、地球という惑星自体の進化発展もないのである。

3 あなた方はわたくしであり、わたくしはあなた方である

愛する地球の子どもたちよ、わたしは、あなた方がここに上がってき、あなた方にこのような語りかけができるときがくるのを待っていた。わたくしは、すべてを創造し、すべてをいとおしみ、すべてを愛し続けてきたあなた方の父、オームである。

あなた方はわたくしであり、わたくしはあなた方である。

あなた方は神の子としてつくられたが、それはわたくしの一部である。

わたくしができたことは、あなた方もできるということ。

ただ、思いにおいて同じ方向性を持たなくては、これから先、ともに地球という細胞が新たな使命を担うことができないということ。

この声はこの者（アマーリエ）を通して伝えているが、この思いはあなた方地球にだけ発しているのではなくて、わたくしがいるこの宇宙空間すべてに常に響き渡っている思いそのものである。それを今、このように言語化して伝えている。

あなた方は今まで、己自身が何者であったかすらわからずに生きてきた。そこで今、霊的に目覚め、己自身が何者であるかということに気づいたのならば、神の子であるということに気づいたことにおいて、真に精神の目覚めができたときに、今度は目覚めた者たちによって、新たな神の世界の天地創造、地球が次の次元へ上昇していくためのエネルギーとして、あなた方一人ひとりが力を発揮しなくてはいけないときがきたということなのです。

ひとり地球意識だけに任すのではなく、そこに住まう者たちが霊的な世界のエネルギーを含めて、ともにシフトアップしていくのでなくては、地球自身の次元が「アセンション」と呼ばれている次元上昇することはかなわぬ。そして、それには必ずその惑星に住まう者たちがどのぐらいの割合で目覚めるかということが要求される。地球自体が次元を上げていくには、そこに住まう者たちの意識、それが必要であるということ。

あなた方が神の子であり、大宇宙が愛のエネルギーであるのなら、そこに住まうあなた方が「神の子」であるということが、なぜこれほどにキーワードになるのか。あなた方はわかるであろうか。それは、次の次元に地球が進化するには、神の子であるということ——。ゆえに次に地球を変えていくのは、神の子であり、神そのものの意識を持ったあなた方の、神の属性としての力を発揮することによってしか、地球は次の次元へアセンションできないということなのだ。その霊的なエネルギーというものがなくては、次の時代にその時期に地球は突入できないということを表している。ひと事ではなく、あなた方一人ひとりが救世主、あなた方一人ひとりが地球を預かる責任者であるという自覚を持ち、あなた方の魂の力を発揮していただきたい。

一人ひとりに、その霊的な目覚めが出てきたのならば、わたくしの言う真の意味がわかってきたのならば、あなた方はいつもこの宇宙空間を絶え間なく送られてくるわたくしからの、わたくしのかわいい子どもたちへの呼びかけ、バイブレーションを、あなた方はいつでも聴くことができるであろう。

あなた方の肉体にある耳、聴覚というもの、知識、頭、そういうものでは、わたしの声は聴けない。この者がやっているように、自らの思いにおいて、感性の中において、己自身の魂を大宇宙の意識の中に溶け込ませ、流れ込ませ、宇宙のそこここにある愛の羊水のエネルギーに溶け込ませてみなさい。そうすれば、それがあなた方の世界で言う「ワンネス」というひとつの大きな意識体の一部であるということが、あなた方にもわかるであろう。

その命の大いなる海、大海（たいかい）の一部として自分自身が存在するということが感覚としてわかってきたとき、あなた方は本来の神の子、神の属性としての創造原理の力というものを手にすることができる。その認識と、その創造原理を使いこなすクリエイティブな力というもの、コンセントレイションというもの、そういうものがほんとうにわかってきたのならば、あなた方は神になる。真に神の属性の一部として、あなた方の神の部分を目覚めさせることができ、そして、真に霊的な進歩成長が、次のステージで行われるのである。

そこにおいて、目覚めた惑星の者たちは、己自身の中にある神の属性としての使命にのみ生きるようになる。愛というものが、今のあなた方のような知的遊戯、心の遊びではなく、真に創造していくための推進力としての思いとなる。

己自身を創造された命の源に対する感謝と恩義を果たしていくために、自分の身体を使ってありとあらゆる生命を生み出し、そこに愛を吹き込み、発現していく、その方法手段としてこの大宇宙というものを、ビッグバンとしてつくっていったということ。その思いがわかるであろう。大宇宙の中にある、いとおしい、いとおしい、愛してやまない、あなた方ひとりずつが小宇宙となって、宇宙に向かってビッグバンを放っていくのである。

4　地球に住まう者たちの想念を結集して次のステージへ

あなた方は、このオームと呼ばれている、この宇宙の神と呼ばれている者の一部であり、「わたくしはあなたであり、あなた方はわたくしである」という、この言葉の意味を、深く深くかみしめていただきたい。そこを認識すると、あなた方に無限の力と無限の可能性が開かれるのである。

そこの力に真に目覚めたときに、あなた方の惑星を次の次元の修行場にしていく大いなる手助けを、そのように目覚めた者たちがつくり上げていくことができるのである。そのあなた方の協力なしに地球がアセンションすることはあり得ないのである。そこに住まう者たちの霊的エネルギーと、地球意識が次の次元に行きたいと、創造したいと、次のステージに行きたいと思う思いと、そこに住まう者たちの認識力が、そしてその時期が、すべてが合ったときに、その惑星は次のステージの使命を与えられるのである。

今まで地球は、次の進化レベルのステージを与えられなかった。まだその時期ではないと、まだそこに住まう者たちにも準備ができていないと、みなされていた。そういう惑星だったのである。でも、いよいよ、地球も新たな次元の世界に突入していく。そこに住まう者たちの意識も上がっていく、素晴らしい時の訪れを迎えた。今、この宇宙は、皆で祝いの響きを奏(かな)でながら、地球の未来を喜んでいる。あともう少しで、あなた方地球が、新たなステージへと踏み込むことができる。

まだその認識にいたっていない者たちもいる。しかし、己自身が神の子であり、皆神のエネルギーそのものであることに、真に目覚めている者たちもいる。ここにいる者たちだけでもいいから、わたしの言葉をしっかりと腹の底で受け止め、魂で聴いてほしい。

そして、あなた方の霊体の中にある神の現れとしての命に気づき、そこを開いてほしい。誰のものでもない、あなた方一人ひとりに対する信頼をもってのみ与えられた、神の生命の一部分が、あなた方に渡されている。

ひとつの大きな地図があって、そこをたくさんの、何等分かで切り分け、そのひとひらひとひらを、生まれてくる生命あるあなた方に、神の子として埋め込み与えて、この地上に送り出した。そして今、あなた方がその魂の中に、神の子としての身体の中に、神より創造のときに与えられしその一片の地図の一つひとつを、預かっていたものを取り出し、提示しなくてはいけない。そこを皆が、取り出したものを集めていくことにより、次の新時代の道を指し示す道が描かれるのである。

それを期待して、地球に生まれてくる者たちには、そのような「神理の鍵」というものを、あなた方のオリジナルの個性の中に埋め込んで、生命を吹き込まれ、今地球に存在しているのである。

だから、すべて地球にいる者たちは地球人であるということ。地球とともにネクスト・ステージに向かって地球を推進する、そのエネルギーを出していく。そして、あなた方を永いこと育み続けてきた修行場としての地球に、今こそあなた方が神の子として、その感謝と愛と恩義を返すそのときであるということ。

神は何も求めない。

愛は見返りを求めず、一切を黙って育み、今まで養ってきた。

それは、恩義を返すためではなく、あなた方自体が、ひとりずつが、永き時の流れの中で育まれ成長してきたこと、一人ひとりが成長し自覚し、真に目覚めたとき、その者たちが目覚めたときに、成長したことをもって、その惑星の進化というものが促進されるということになっている。

あなた方がその魂において、霊的な次元において次に飛躍するには、あなた方の中にのみ、自分だけに与えられた神の子としての属性、その役割、それを最大限に発現し、光り輝き渡らせなさい。

その光を見て、他の者たちも己自身の魂を開くであろう。地図を分け与えられた者たちの数が多くなればなるほど、そして、神の子ということよりも、己自身が神の属性として、あなた方の中から神の力がピュアなものとしてストレートに輝き渡る者たちがひとりでもこの地球上に増えたときに、地球は新たな霊的な次元に上昇していくスタートを切ることができる。

地球自体がアセンションするのは、その宇宙的な磁場、時期というものの追い風ということはあるけれども、地球意識の次のステージに行きたいという強い願いもあるけれども、なんといっても、その惑星に住まう者たちの想念の集合体が次の次元に、ステージに行くのに値するだけの能力と力と光とを蓄えることができたかということ、それに左右される。

5 愛の思いなくして創造原理が働くことはない

あなた方は、もう十分なほどの神の世界からのメッセージを受けている。それは言葉によってもたらされている。言葉によって与えられたものを、思いにおいて、あなた方の思い、願いによって創造し、愛の具現化というものを――。あなた方の惑星においても、そして、今度こそあなた方は自らの惑星を飛び出て、大宇宙に向かっても、その愛の思いというもの、自覚した創造力をもって、愛の創造原理を行える、そういう自覚のある生命体へ、命あるものへと羽ばたくことができてこそ、宇宙の空間を、自分が生まれた母星をいでてさまざまな惑星に行って、愛の創造原理で多くの人びとを助けたり、あとからできた惑星の進化発展を手伝いに行くような、あなた方が言っている「スペース・エンジェル」と呼ばれる方がた、その方がたと同じ仕事ができるようになるのである。

スペース・エンジェルと呼ばれる、星から星に飛び回る彼らの行いを、思いを、まず学んでみなさい。己自身が生まれた母星というものに執着はもはやなくなっていくであろう。ただただ宇宙の意識に溶け込み、その一部として神の一部として、すべてが己自身のふるさとであるという、そして、そこに住まう者たちすべてが己自身の家族であるという、圧倒的な愛の中で、愛の大河である大宇宙を、愛をなすために、愛を形をもって具現化するために、人知れずそこに住まう者たちにもわからないように、陰になり日向になり、一生懸命愛の行いをなしていく、そのあなた方の先輩がなしている姿を、地球という惑星に住まうあなた方は学んでいただきたいと思う。

そこは先ほどから言っているように、あなた方が神の属性として、やはり大いなる生命の大海であるこの大宇宙の一部であり、一部は全体であり、全体は一部の中に息づくというその一体感と、己自身が何者であるのか、そして己自身はいかなる力を持ち、神であるという創造原理というのはどのように使ったときに創造原理としての力を発揮することができるのか、それをあなた方が理解し、それを実行できるような者にならなくてはいけない。

あなた方ができること、やれること、それは神の愛の具現化。それを皆で手を取り合ってやっていくこと。

神の身体は我が身体。そして、あなた方の身体は神の身体そのもの。

だから、あなた方の中の誰かひとりが苦しみ傷つき、痛みを持つのならば、それは我がオームという大宇宙の中にあなた方の心の痛み、身体の痛みが共有され、響き渡るものであるということ。

理解してほしい。

あなた方はわたくしであり、わたくしはあなた方である。

マクロ的な視点において、あなた方はわたくしになる。

わたくしの姿をもって、あなた方を創造したということ。

聖書など、文献で知っていると思うが、あなた方の中に、わたくしの宇宙の創造原理、その可能性のすべてを込めてつくってある。

だから、あなた方が見ている真っ暗な、そして星々が浮かんでいる宇宙、その暗闇(くらやみ)というもの、そこは胎児を包む羊水のようなものであると理解しなさい。そしたら、そこに何ゆえに星々が現れてくるかということも、そこの材料を使って愛の思い、赤ちゃんができるときもお父さんお母さんの愛の思い、愛の願いが、そして、愛の行為があってこそ、そこにひとつの生命が着床し、結晶化され、神の愛の創造原理がひとつの細胞分裂というものを通しながら、具現化されていくのではないだろうか。

そのときに羊水の中で、その母が摂る栄養を一生懸命吸収しながら、胎児というのは成長していく。その姿の中に、大宇宙の星々が、惑星がつくられることをすべて込めて、あなた方の女性という身体の子宮の中の様子をちゃんと写し込んでいる。どうか、そこの中において、愛という圧倒的な温かいぬくもりの中で、あなた方の住む惑星も、そして、そこに住まうあなた方の肉体も、一切のものが創造され、形を持ったのだということを理解していただきたい。

いかなるマテリアルがあっても、テクノロジーがあっても、愛の思いがなくては、「そこにあれかし」と願う強い思いなくしては、大宇宙に何ひとつとして新たに存在すること、創造原理のパターンが働き出すことはないのである。

あなた方も神のその一部であり、神そのものであるのならば、この力を使うこと、魂において目覚めていくということ、それをあなた方も我がものとしてほしいと思う。そこが気づきとしてこなければ、次のあなた方の霊的な成長はない。

6 目覚めた者が百人いれば地球の未来を変えられる

地球が次にどのようなステージに行くか。

そこに住まう惑星の中で、あなた方の数で言うのならば、「百人気づいた者たちがいれば、地球は変わる」と言われているのではないだろうか。

それは、わたくしが言っている、「真実あなた方が神の子であり、神そのものであり、神の愛の命、エネルギーとともにあなた方が神の子としての創造原理という力を使いこなすことができるという、そういう自覚を持った魂であるというふうに目覚めた者が百人いることによって、その惑星における霊的な次元を上昇させていく力になるのだよ」ということなのだ。

ただただ、あなた方の会の信奉者が百人いればいいということではないということ。だから、あなた方一人ひとりが大事な神の駒であるということ。いや、あなた方自身が神の属性を持ったかけがえのない命、神そのものであるということ。そして、皆がひとつであるということ。地球であろうと、どんな惑星であろうと、すべての生命ある者たちは神の身体として、意識としてつながっている、愛によってつながっている存在であるということ。それらに気づいてくれる人が百人いて、皆が美しい地球の未来を強く願い、そして、そういう未来ある地球を創造しようと強く願うのならば、地球の未来はいかようにでも素晴らしいものになるであろう。

そこにおいて、自らを神の子ではなく罪の子であると設定し、自らの可能性、創造力を使うことを封じ込んでしまうのであるのならば、そして、自分は他であり、他は自分であるという、痛みも喜びも分かち合うひとつの家族であるという思いを忘れていき、地球の未来も何も考えず、自覚なく地球を汚染し、霊的磁場を汚(けが)していく者たちがいたのならば、地球の未来というものは、どちらにでも分かれていくことであろう。

あなた方がどちらの方向を願うか。

どれだけ「地球がひとつであり、宇宙船地球号の乗組員である」と言われても、自覚なく地球を汚し続ける者たちが多くいて、その者たちに対抗して、地球の未来を明るい方向に引っぱっていくことができるのか。真に己自身が神の子として神の属性としての創造原理に目覚め、魂の本来の力を開き、輝き渡らすことができた者たちが命がけにて百人出て、その時代の理想というものと、地球の未来のビジョンとをあわせ持ち、神の創造原理で実行することができたとき、初めて地球は新たな明るい未来をつくることができるのである。

7 神そのものとして力を発揮せよ

エネルギーというのは、ひとつの方向性における慣性の法則がある。

人類が悪想念の方向に向かい、そちらにまっしぐらに向けてしまった悪しき思いは、今地球を真っ暗な破壊的な未来へと結びつけていく。そちらの負の創造原理のほうに、今地球は引き込まれようとしている。

そこに、神の世界から光のほうへ、本来の大宇宙の一員としてつくられた輝かしき地球、太陽系のプリンスとしてつくられたその地球の明るい未来を、神の星としての、愛の星としての地球の未来のビジョンをつくるために、その慣性の法則をねじ曲げてでも、負荷をかけてでも光のほうへ、切り替えなくてはならない。

集合意識が、マイナスのほうに時間をかけてまっしぐらに進んで来てしまった。その地球の真っ暗な未来を実現させるのではなく、明るい未来のほうに、本来の地球の使命の未来に引き戻すには、そこに住まうあなた方の強力な力と、真に命を投げ出して、全体の神の星としての愛の光のエネルギーのほうに向かうプラスの推進力として、自らの生命を、自らのエネルギーを、そして、その中に込められた創造性というビジョンを具現化するという神の属性の力に目覚めて、協力をしてほしいのである。

負の慣性のままに地獄の奈落の底に、地球の未来を引き込んではならない。そのために、あなた方の世界の霊的指導者たちは、今回の救世の計画を含め、大いなる計画を降ろしてき、愛の法をもって、神の法をもって、霊的な指導をされている。すべて光のもとへ、神のもとへ、神の子としての使命を果たさん、明るい未来をつくらんために、彼らは努力してこられた。しかし、このまま行くと負の方向に行く。それを阻止するために、時をずらしてまでその可能性を地球の未来のために、今ひとたびの呼びかけが行われたのであると、認識している。

あなた方が本来の力を発揮し、自覚し、あなた方が神の力を発揮するために、あなた方の地球の霊天上界は、この法というものを降ろしているのである。単に学ぶために、学問的にするためだけに、愛の法を降ろしているのではない。正法と呼ばれているものを降ろしているのではない。

今わたくしが最初から言っている「神の子である」ということは、神の存在そのものがあなた方であるということ。そして、愛そのものにより、あなた方生命を持った存在であり、そして、皆がひとつにつながり、それで神というものをつくっている集合意識の一部であるということ。愛というものに溶け合って生きなくては、そこから進化の方向が違うものがはじき出されてしまうということ。そのような宇宙の友たちもいるであろう。

愛というものの属性の中におき、自らが神そのものであるということに気づいたならば、あなた方は本来の神の子、否、神として最も偉大な、すべてをあらしめ創造し、つくり上げるという、この大宇宙を創造してきたわたくしどもが発揮した力を——あなた方一人ひとりも創造でき、その小宇宙としてのビッグバンとしてのあなた方の力をもって、今回の負の方向にねじ曲がっている地球の未来を、光の方向に変える力として発現してほしい。そういう真に自覚する者たちが集ってこそ、地球の未来のビジョンは変わるのだ。そのような神の子として、神の属性としてのパワーを目覚めさせる、自覚させる、自分が何者であるかということを、真に魂のレベルで霊的な肉体のレベルで自覚させるために、今回の救世の法というものは学びとして与えられているのである。学びのための学びになってはいけない。

神の思いというものはあなた方の思いであり、あなた方はこの地球というものの未来を預かって、今ここに存在している。大宇宙の意識であるわたくしがあなた方であったとしたならば、あなた方は何を思い、何を願うかということを、それを常にオーバーラップして考えていただきたいと思う。そうすれば、今あなた方が何をしなくてはいけないか、それがわかるであろう。

あなた方の命を神の子として、否、神自身の部分として燃え立たせよ。

自覚しなさい。

そして、あなた方の力を、魂を開き、その創造原理を使いこなしなさい。

そして、その愛の思いによって、地球の未来を光ある愛の星へ変えていくのだというその強い理念でもって、あなた方の創造性を使いなさい。それをもってでしか、地球の未来のビジョンを塗り替えることはできないのであるということを、肝に銘じなさい。

8 金庫の鍵を開けて、黄金のチップを使いこなしなさい

あなた方が持っている力を発揮する、それがあなた方自身の魂が今回最大の成長と進化を遂げる道である。そして、その成長し進化していったものが地球という磁場におい

て、そして地球意識においても、あなた方すべてにおいてもがつながっていることをもって、地球自身の進化を促し、そして、この太陽系すべての、そして太陽系だけではない、この銀河も宇宙も、オームのすべてにいたる進化を促進するエネルギーになるのだということ。

そして、その進化においては、愛というベクトルが必ず提示されていて、その愛のベクトルの方向によって皆で手を取り合い、協力し合い、助け合い、愛し合っていく方向に皆が頑張っていったときに、ともに成長、進化発展していくのである。

そのベクトルと違う方向に進んでいったときにはあなた方は——そう、わかりやすく言うのならば、グレイという宇宙人を知っているであろう、彼らは彼らの自由意志において頑張ったけれども、その愛という進化のベクトル、そこからは離脱した者たちである。それは、離脱してもそこで学ぶものがあるならばと、許されはするけれども、それが己自身の未来を自らが追い込んで、滅亡の未来を導き出してしまうのであるから、地球にはそのようになってほしくないと思う。

あなた方の力、あなた方の協力をもって、明るい素晴らしい地球の未来をつくり上げ、発展し、新たなアセンションの時の中で、宇宙の一員としてあなた方が宇宙の友たちの前にデビューしてくれることを、わたしは願っている。

そのためには繰り返して言うが、あなた方が神の子、神としての力に気づくということ。もともとその身体に埋め込まれ、そのチップはあなた方にすでに手渡されているということ。そのチップを使って、あなた方は己自身の魂を開き、神の属性としての創造性の力を取り戻し、そして、その力をもってこの地球の未来を新たな光のほうへ、愛の方向へ立ち戻らす、そこまで具体的に動かなくてはならない。

その思いと行動の集積によって、地球の未来はあなた方が願っている通りの愛の星、地球へと変貌(へんぼう)するのである。よいか、そこのところを間違ってはならない。

あなた方の書物だけを漫然と広げ、法というものだけを流すことで、それで愛の星になると思ってはいけない。

あくまでその教えは教えであり、宇宙のルールであり、教えであるけれども、その教えを使って、あなた方が何者であり、あなた方の魂の奥深くに込められた大切な金庫、神の子としての宝が入っている金庫を開ける鍵はあなた方の正法という教えであって、宇宙の教えである。でも、鍵があっても、その金庫の扉を開けなくてはそこにある宝物にはめぐり会えない。

その宝物を、扉を開けて引き出して、そうしたらばそれを使って、神の子としての本来の姿に立ち戻って、そしてこの地球を変えていく、そういうエネルギーとなりなさい。

そのために今回の救世の教えのルネッサンスという運動が存在しているのだということを、あなた方は知らなくてはいけない。自覚しなくてはいけないのだ。そこのところを、今日はあなた方に言っておきたいと思う。

わたくしはあなた方をいつも愛して、いつも見守ってきた存在である。どうかわたくしを「オーム」と呼び、あなた方の心の中で常に呼びかけていただきたい。

一人ひとりが自覚していくにはさまざまな問題が、悩みが出てくると思うけれども、それを全体意識の中に委ねていく中において、あなた方はさまざまな答えを見つけていくことであろう。

わたくしたちが今、いつでも見守り、あなた方の成長のお役に立ちたいと思っているということを理解したのならば、あなた方はこれからいくらでも成長できる話し相手、教師を得たのだということに気づいて、心強くなっていただきたいと思う。

地球の未来はどのようになるか。

それは極論で言うならば、あなた方の自覚次第でもあるということ。

教えが降りたということだけで、それで終わりであると思ってはいけない。

今言ったこと、すなわち、一人ひとりが金庫の鍵を開ける、金庫の鍵を開けて扉を開けたらば、そこにかつての神との約束で手渡された黄金の神のチップが、神の子としてのチップが預けられていたのだということ。そして、そのチップを使って、この救世事業を、この惑星の進化のために力を発揮せよということ。それが、あなた方という存在をつくったわたくしとあなた方との約束であるということを思い起こしていただきたい、ということである。

今日はこれでやめておきましょう。

また連続して、これからもあなた方に伝えていきたいと思います。

それまで、今日伝えたことをどうか反芻（はんすう）して、力として認識として、あなた方のものとしていただきたいと願います。

ひとり地球意識だけに任すのではなく、
そこに住まう者たちが
霊的な世界のエネルギーを含めて、
ともにシフトアップしていくのでなくては、
地球自身の次元が
「アセンション」と呼ばれている
次元上昇することはかなわぬ。

あなた方一人ひとりが救世主、
あなた方一人ひとりが
地球を預かる責任者である
という自覚を持ち、
あなた方の魂の力を
発揮していただきたい。

第二章　新たな愛の挑戦

聖アントニウス（太陽意識）からのメッセージ

二〇〇八年一月三十一日

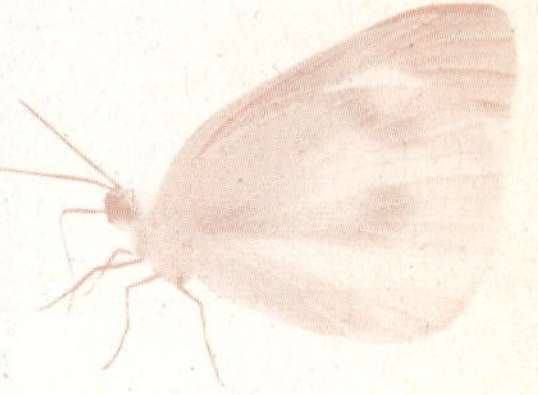

すべての大宇宙が「愛」をテーマにしてはおりますが、
その中でも特に「愛」を表現する役割を持っているのが、
あなた方が今所属している、この太陽系であります。

1　太陽系ファミリーのテーマは愛

アマーリエ：宇宙空間に出ています。

真っ黒い宇宙空間の中に、宝石箱をひっくり返したように、美しい星々が輝いています。美しい歌声、美しいメロディを奏でながら、みんなクルクルクルクルクル回っています。星々は神を、大宇宙を賛美して、歌って踊っています。

赤く燃えるような太陽、その近くに来ました。太陽から、目が眩(くら)まんばかりの圧倒的な光と熱が発せられています。不思議と熱くありません。熱いのですが、熱くないのです。太陽の中に、人の姿が見えます。そこで修行しておられる太陽の住人の方がたです。ひじょうに高いバイブレーションの方がたです。私たちの物質界の肉体構造とは違う体をお持ちのようです。彼らは今の私と同じように、熱さを感じていません。

太陽を動かしておられる「恒星意識」と呼ばれる方、その方が今、太陽の中でにこやかに微笑(ほほえ)んで立っていらっしゃいます。ものすごく美しい、男性の方です。髪の毛は黄金色、金色の羽根とプラチナのような白金の羽根が何枚かついていて、黄金色と白金の二色でできた長いローブのような長い衣装を着けていらっしゃいます。にこやかに笑って、手を差し伸べて握手をしてくださっています。

「ようこそ、とうとう来ましたね」そう言って、にこやかに笑って、私の手を両手で握ってくださっています。この方にこれからしゃべっていただこうと思います。よろしいでしょうか。

聖アントニウス：地球の神の子たちよ、ようこそ、わたくしの星まで来られました。あなた方の惑星が進化を遂げ、このようなステージまで上がって来られたことを、心から喜び、神に感謝いたします。

わたくしはあなた方が「聖アントニウス」と呼んでいる者であります。

わたくしの思いの中では、あなた方もわたくしの子どもであると、感じています。なぜなら、わたくしは太陽系をつくり、今日までわたくしの愛する子どもとして育んできたからです。そういう永い永い時があったから、わたくしはあなた方を見守り続けてきた者として、今日のあなた方との出会いを心から喜んでいます。「よくぞここまでたどり着いたね」と、あなた方をほめてあげたいと思う。

セレニティという者が今、地球のほうに、指導に行っております。彼女はわたくしの妻、パートナーであります。恒星意識の修行は、積極的にエネルギーを流し、一切のものを育み輝かしていくという、陽のエネルギーの修行です。しかし、恒星意識の陰（いん）のパートのものは、太陽の中に常にいるわけではなく、ファミリーとして抱えたその惑星の中で、陰の意識としての役割を果たすために、その存在を持つのです。セレニティと、数々の惑星たちも含めて、太陽系というものが、わたくしの今愛する家族として、わたくしが養う責任の範囲にあるということなのです。

あなた方は、太陽系の成り立ちというものを知りたいとお思いか。

それは、さまざまな惑星が、勝手にあちこちから、自然に発生したのではない。この者（アマーリエ）がかつて伝えたように、わたくしが今宿っている太陽という恒星の初期の頃に、物質的に産み出された仲間たちであります。今をさかのぼること約百億年前、わたくしは、今あなた方が「太陽」と呼んでいる恒星意識としての使命を、銀河意識からいただいたときに、「このグループの中において、ひとつの使命を果たしてみよ」と言われ、あなた方が「太陽系」と呼ぶものを創造したのです。

「太陽」とあなた方は呼んでいるが、この宇宙には「恒星意識」と呼ばれる者たちがつくり上げている、太陽の役割を果たす恒星は相当数ある。わたくしもまた、その修行の中にあり、神のご意思を表現するために、わたくしの創造原理を使い、あなた方が「太陽系」と呼んでいるものをつくってきたのです。

宇宙には必ず陰陽がある。それはもう学ばれたと思います。陰陽の中において、その宇宙の法則を使いながら、わたくしが願ったファミリーをつくっていく。ひとつの理想をつくっていく。そこに神の世界を表現し、実現していく。愛の流れをつくっていく。それがわたくしの目的でした。

銀河意識が話してくださると、もっと地球の、いや、太陽系自体の使命と役割というものがはっきりとわかってくるのですが、あなた方がいるこの銀河、そして、その銀河系に所属する我々の太陽系は、「愛」というものをテーマにしています。すべての大宇宙が「愛」をテーマにしてはおりますが、その中でも特に「愛」を表現する役割を持っているのが、あなた方が今所属している、この太陽系であります。

2 愛という血液を送り出すのが銀河系のテーマ

「愛」の中において、惑星意識として修行し、「いっしょに太陽系というファミリーをつくり上げよう」と誓ってくれる仲間を、わたくしは募りました。「神の心臓部分にあり、愛の血液を送り出す場所に位置する銀河系、そこに所属する太陽系の一員として、ともに仕事をしないか」というふうに声をかけたのです。そして、惑星意識の者たちを十二人集め、今あなた方が所属する太陽系をつくることを決定したのです。

心臓には、汚くなった血液を受け入れ浄化していく流れと、きれいになった血液を流していくという、大きく見てふたつの流れがあると思うのです。わたくしたちの所属しているこの銀河系が、どういうところにあるか、わかりますか？　血液を送り出すのが、あなた方が「銀河系」と呼ぶ小宇宙の役割なのです。

心臓にはいくつかの部屋があるでしょう。宇宙に生きるものすべてが、あなた方の心臓のように、右心房・右心室とか、左心房・左心室のように、ふたつずつあるわけではありません。でも、大方においては、受け入れ浄化し、そして押し出すというふたつの機能を持つのです。その中において、新たなものを受け入れたのならば、素晴らしいものを発信するという、それがこの銀河系全体のテーマでもあるのです。

この発信する中において、新たな課題というものを常に盛り込みながら、全宇宙に送り出さなければなりません。ほかの星ならば、ひとつの民族の中だけで文明が盛衰（せいすい）を遂げ、自分たちの得意な文化を発信していくという、オリオンのような惑星もあります。彼らの役割は、銀河系とは違うということです。ベーエルダにおいても同様です。愛を新たな形で発信していくという役割が銀河系にはあるのです。心臓部から送り出された新しい愛の概念への挑戦というメッセージは、神の身体（からだ）を巡り巡って、全宇宙を回っていくのです。そうしないと、愛のエネルギーといっても受け入れていくだけならば、なかなか進化発展はしないのです。オリオンにおいても、かつてこの者たちを送り出したときと今とでそれほどの変化はないし、ベーエルダにおいてはどうでしょうか、停滞すら生んでいる状態があるのではないかと思うのです。

常に挑戦をし、常に新たな愛の概念を試し、そこにおいて新たな「希望の原理」を愛の中に織りまぜて宇宙に発信していく。それが、あなた方が所属する銀河系全体の使命でもあるのです。そこに我々の太陽系は所属しています。そして、銀河系の中にもいくつも太陽系がありますが、我々の所属する太陽系の中の地球という惑星が、宇宙の者たちから注目の的になっているということ。それは、地球がそれだけの挑戦と、宇宙の愛の意識を変えていく、新たな発信源としての位置にあるということ。それだけの文明実験を行っているところに、あなた方は今、生きているのだということ。それを自覚していただきたいのです。

3　異質なものも取り入れてエネルギーとする文明実験

先ほどから言っていることの意味がわかるだろうか。

ひとつの人類だけであったのならば、これほどの困難を極めなかったであろうが、新たな移住者を受け入れながら、地球は文明実験を繰り返し、二元論的な認識を大きく変えていく挑戦を行っている。

調和を求めているのが大宇宙の意識。

調和の中でそれぞれが個性を発揮し、己の使命を全開していくことにより、大調和のハーモニーを謳(うた)い上げる。これが大宇宙の根本に流れているテーマであるということは聞いていると思う。

しかし、その中で「自分たちの世界はこれでよいのだ」と開き直り、「それ以外のものはほかの惑星にあるから、自分たちはそれ以上の挑戦はしない」と思うのなら、どうだろう。科学の星ならば科学だけに偏(かたよ)り、ほかの者たちにおいても自分の役割の中だけで安住し、いつかは停滞を招いてしまうのである。そのようなことも宇宙には多々起きているのである。

そのときに、異質なものを取り入れていくことで、二元論的な立場の混乱すらものともせずに、躍動感あるエネルギーを新たに、全宇宙に向かって発信していく。逆に、そのような対極のエネルギーを使って、新たなパワーとしていくことができる。エル・ランティが今やろうとしていることは、そういうことなのです。

わかるだろうか。わかりやすく言うのならば、たとえばこの者（アマーリエ）が魔と戦ってきたであろう。二元論の世界で言うならば、光に対する闇のエネルギーと戦ってきたであろう。しかし、この者の戦う姿を見て、今回、あなた方に学んでほしいのは、あなた方から見たらタブーと思われるものに常に挑戦していくことである。魔と思われるものを忌み嫌い、弾いて、光だけで清まって神の言葉を伝えるのならば、これだけのパワーは出てこないのだ。自分の力だけではなく、相手の力も吸収して、戦いに勝っていくということ。相手の力を自分のエネルギーに取り込んでいくということが、あなた方もできなくてはいけないということです。

間違えないようにと、神が望む光のほうだけ、正しいことだけやっていこうとすると、必ず停滞を生む。愛というものは、無限の赦しの中でそのエネルギーを補充している。

だからいかなるものであっても、たとえそれがあなた方を叩き潰そうとするものであったとしても、あなた方が最も飛躍できるのは、そのものに正面から向き合い、逆にそのもののエネルギーをバネとして吸収していったときなのである。自分の中で対極のものがぶつかり合うことで、何倍もの爆発的なエネルギーを生み出し、次の飛躍へと結びつく。

あなた方は、今回もみごとに暗黒エネルギーを持った者と手を組んで、一時は大丈夫かと心配されたかもしれないけれども、そのパワーを上手に吸収し、普通に着々とやっていただけではできない飛躍というものを遂げたではないか。そうやって宇宙もつくられているということなのだ。わたくしが出しているエネルギー、太陽系の隅々まで行き渡るように発している光とエネルギーの基盤はそこにあるのです。

4　恒星意識の無限の挑戦

惑星意識というものは、自分の理念、自分の個性の中で、命あるもの一切を育み抱きしめ、温かい思いで生命を創造するという目的で修行している。それに対し、恒星意識というものは、今度はそういう者たちをファミリーとして取り込み、そこに無限の活力と生命の源(みなもと)である光、神のエネルギーを送り届けんという積極的な意思を持つ。わたくしは、無限の陽の意識の現れとして神から創造され、今、恒星意識としての修行をしています。

与えきりながら、かつ、常に挑戦していく。エネルギーを常に爆発的に燃え立たせ、これだけ燃えても燃え尽きない。あなた方から見たら、この太陽がこれだけ燃えて、何ゆえ燃え尽きないのであろうかと疑問を持つのではないであろうか。その根源的エネルギーはどこから来るかというと、惑星の者たちが持たぬ、対極のものを自分の中に取り入れ、それを愛により変換することによって爆発を起こし、目が眩まんばかりの光と愛というものを発散することにより、周りの者たちの命を育む、そのような修行をわたくしは今やっているのである。

生命を燃え立たすということ。それは「命を育む」ということをテーマに自分だけの世界を表現していく惑星意識の修行を終えたあと、今度は「無限の挑戦」をテーマに、神の世界にある、あらゆるものを自分の中に取り入れ、それを土台にしてエネルギーの爆発を行うという、恒星意識の心構えがある。そして、銀河意識から神の愛を引き入れてくる中で、無限の神のエネルギーのソースに直接結びつくことによって、燃え尽きない太陽というものを維持しているのである。

あなた方の認識では、宇宙がどのようなエネルギーにより動いているか、わからないと思う。わからないことだらけだと思うが、わたくしがやっているこの「内的ビッグバン」という爆発のエネルギーの源を表現することで、あなた方の地球においてエル・ランティがやろうとしている挑戦というものが、少しは理解していただけるかと思って、今、話をしている。

まだ九次元にも、惑星意識にもなっていないあなた方に、わたくしのこの感覚を伝えることは、やや過ぎたることのようにも思うのだが、言うなれば、この銀河系の役割の中において、常に変化を受け入れ、挑戦する中において、「新たな愛のエネルギーの形態を発信していく」ということ。それが、わたくしたちが今、所属している銀河系の使命なのである。これは銀河意識の方がお話しくださることかもしれないが、そこを話さなくては、銀河系に所属するわたくしの恒星意識としての役割が説明できないので、今話をしている。

5 新たな愛の形態を発信する場所

新たな挑戦の中においてはタブーと見えることがあるかもしれないけれど、神の世界においてはタブーなどない。自分が何かをなさんとするとき、大きく立ちはだかるものこそ、自分が最も高く飛躍できるエネルギーを秘めている相手であると、そのように思いなさい。

恐れというものは不要なものだ。真の智慧（ちえ）と勇気があるならば、あなた方はそのものを自分の中に吸収し、自分と同属の者の中だけにいるときよりも、より高い境地、より高いパワーを獲得することができる。そのような力があるということに気づきなさい。

今回の計画で使命を言い渡されたこの者（アマーリエ）は、最も闇が深いとき、その最も深くなりきった闇を光のもとに統合していき、それを自分の力に、この救世運動の力として取り込んでいく、そういう挑戦の力を持っている。そのようにエネルギー化することができる者であり、それを体で知っているという者であるということ。それをもって今回の使命を任されている。それを学びなさい。

けっして臆病になってはいけない。この銀河系は、受け入れるだけの場所ではない。新たな価値観、新たな愛の形態、そう、神の愛の血液を流していくのである。どろどろに汚れた愛の血液を一度体内に取り込み、浄化し、それを新たな挑戦の中で新たな形態として、新たな可能性として宇宙全体に流していく。

その発信によって、大宇宙に所属する者たちがそれぞれに感応し、自分の役割において新たな愛の形態を獲得し、愛のエネルギーをもらって息を吹き返し、それぞれの世界で無限の挑戦を繰り返す原動力にしていくことができる。そのように、大宇宙にいる者たちへの模範となり、激励となるようなものを生み出す、それがこの銀河系全体の使命でもあるのです。

6 大きな月を持つ地球の役割

そして、その銀河系に所属する我々太陽系。そこに位置する、わたくしの愛する息子、

「プリンス」と呼ばれている地球。これをどのような思いでつくったかということを、あなた方は聞きたいという。しかし、この太陽系のすべてがわたくしのかわいい子どもたちなのだ。地球だけがかわいいというわけではない。太陽系の中において、あなた方の知らない惑星がいくつかあるのだが、それもすべて愛すべきわたくしの家族である。

ただ、今このとき、この三次元において最も注目され、多くの人類が修行しているのが、まさにこの地球であるということ。そして、新たな愛のパワーを宇宙に発信するために、エル・ランティ、アモール、モーリャという、銀河系の中において最も力のある者たちが、この地球という場所に集められた。地球が担（にな）おうとしたその挑戦は、使命の重大さにおいて、ひじょうに難しい課題であり、それに耐えて今日まで頑張ってきたという歴史がある。すべての惑星を平等に愛するけれども、その意味において、わたくしは地球のことがたいへんいとおしい。頑張る息子や娘たちに対して、ぜひとも協力してやりたいと思い、セレニティを派遣しているのです。

多くの惑星がある中で、この地球には大きな月というものが存在している。その意味するところは、究極の二元論の中において、陰と陽というエネルギーを使って新たな愛の挑戦を、新たな愛の形態を打ち出す惑星として、この地球に白羽の矢が立ったということなのです。ほかの惑星にはこれだけ大きな月という、陰の意識を宿らせるものはないはずです。そこに太陽の恒星意識であるわたくしの妻がいて、陰のエネルギーを発しているということを考えると、地球がどれだけ重大な役割にあるかということがわかるのではないだろうか。

陰のエネルギーと陽のエネルギーの大循環は地球と月の中だけのことではありません。陽の意識である太陽のわたくしと、陰の意識である月の彼女とのエネルギーが循環する中で、この太陽系全体の創造原理に影響を及ぼしているということなのです。そして今、三次元の中で最も多くの生命体が宿って転生してきて、修行する場にあるのが地球という惑星。ここで、地球が創造されたときからの使命を果たすべきときが、いよいよきたということなのです。

7 失敗した惑星の者たちも受け入れる

かつて火星にいた者たちもいれば、金星に宿っていた者たちもいる。ほかに、あなた方も知っているように、かつて火星と木星の間にあったが爆発してしまった惑星もある。

その状況をこの者に何度も見せたのだが、それは今、小惑星群となって、その残骸が浮いていることはご存じであろう。かつてその星にはあなた方に似た多くの人類が修行していた。そして、今回のように新たなシフトアップをしていくときに、核戦争を起こし、惑星を破壊するほどの反作用というものを惑星につくってしまった。

しかし、核戦争で爆破したのではなくて、その反作用の結果として、そのときに近づいてきた彗星を引き寄せることになり、惑星群の残骸のようなものが立て続けにぶつかっていったことにより、最後、この惑星はこっぱみじんに砕けてしまった。その星を護っていたエネルギーよりも、闇のエネルギーが強くなっていったときには、その周りを回る悪いものも一緒に取り込んでしまうということ。悪いときには悪いことが、どんどん相乗効果で起きてしまうということなのである。

先ほどアトランティスのときのことを見せていたけれど、アトランティスのことからあなた方が学ぶことはひじょうに多い。それゆえに、あなた方はアトランティスのときのことを見せられているのである。もう少し意識が上がってきたならば、わたくしたちは、その爆発してしまった惑星のことをあなた方に見せたいと思う。核戦争をし、そして弱ったその惑星に追い討ちをかけるように、さまざまな惑星や、彗星や、隕石がぶつかって、その星もろともこっぱみじんに砕いてしまった。

地球にも、今まで幾度もそのような大きな反作用はあったけれども、そこまでいかなかったのは、あの惑星がやったことに比べると、まだ反作用が小さかったということ。今回のあなた方の文明が、天変地異においても時間が少ないということは、それだけあなた方のカルマも極端な反作用を生んでいないということである。

アトランティスやレムリアのときには、ほんとうに短期間のうちに大陸が沈んだというけれども、科学力を使って心のコントロールを失うと、惑星すらもこっぱみじんにするほどの反作用を生み出したことが、太陽系の歴史の中にあるということである。その観点から、あなた方に見て、考えてほしいと思う。

そして、その星に居住していて、修行を失敗した者たちがどこに転生しているかというと、今あなた方の地球に転生しているのだ。彼らは彼らの学びを続けるためにも、地球でもう一度、同じ課題に直面している。また、かつて火星にいた者たちも、そして、ほかの惑星にいた者たちも、それぞれの課題のレベルに応じて、今地球に転生してきている。地球という惑星は、そういう者たちもいとわず受け入れ、彼らが出すマイナスのエネルギーすらもプラスの方向に変えていこうとする。そのように、果敢（かかん）に挑戦する文明実験を指揮しているのが、エル・ランティと呼ばれている新たな世界の指導者である。そのことを、どうか知ってもらいたいと思う。

8 宇宙の友たちが見守る地球の挑戦

銀河系や、我々の太陽系だけではない、ほかの宇宙の友たちも、この地球の成り行きを息を潜めて見守っている。数々の宇宙の友が停滞の中で苦しみ、逆に退化の道をたどって滅びんとするときに、新たな生存、新たな愛の形という、自分たちが進化発展していくために役に立つ情報を与えてくれるかもしれないと、彼らが唯一希望を託しているのが、銀河系の、我々の太陽系における、あなた方の住んでいる地球という惑星の、それも今という、このシフトアップのときだということ。それだけの意味を全宇宙に与える位置にいるということ。それを、あなた方は理解できるであろうか。あなた方はたぶん、そんなことは考えていないと思う。

それゆえに、宇宙中の者たちは息を潜めて、あなた方の今回のシフトアップを見守っている。そして、あなた方の地球霊界の九次元の者たちがみんな頼みに出て来て、「時の猶予を欲しい」と言って、最後まで粘り続ける理由でもあるのです。

そして、我々も宇宙の者たちも、今の地球の文明実験と挑戦に対し、心からの敬意を払っているということを、わかってほしい。地獄界を含め、これだけ闇のエネルギーが強くなっている。でも、これを忌み嫌うのではなく、それを愛の原理の中で取り込んでいったときに、光はもっともっと大きな爆発のエネルギーとして宇宙全体を輝かす。そして、全宇宙の津々浦々(つつうらうら)まで輝き渡らせることができるような、大きな大きな力と光を、愛のエネルギーとして発信することができる。

これほどの暗い、地獄界の暗黒エネルギーを持っているからこそ、地球が大いなる新たな挑戦と、未曾有(みぞう)の進化発展の原動力となるキーワードを、宇宙の者たちに発することができる。そのような期待を持って宇宙の友たちが、あなた方地球を見守っている。どうか、そのことを理解していただきたいと思う。単に地球だけのこと、あなた方人類の文明だけのことではない。それは、あなた方が所属する銀河系の使命とも相まっているということなのである。

9 暗黒面のエネルギーを取り入れる

「究極の二元論」というものにおいて、光に対する暗黒面というものがあるが、それは何かというと、神の絶対的な愛に対して、神の子たちのエゴの集積が暗黒面ということであろう。宇宙においても、多少はそういうものがあるけれども、地球ほどに神の子たちのエゴが集積し、暗黒面を強くつくり出してしまったところはない。でも、その中で神の子たちは、きれいごとではなく、その内に宿るエゴというものを通して、自分というもの、自分たちがなしてきたことを学ぶ機会があったのである。

そして、そこにたまってしまった、一見ゴミのように思われるものも、その力を、ほんとうに神のエネルギーのほうに転化できたとき、爆発的なエネルギーが、神の子に降り注ぎ、与えられるのである。そこにおいて、愛はけっして恐れてはいけない。「恐怖心」を持たず、常に挑戦し続ける中でしか「進化」はないのだということを、地球は宇宙中にメッセージとして発信することができるのである。

ほかの惑星はみんな、地球のようになるのが恐ろしいのだ。自分たちの世界に異種のものをどんどん受け入れ、その中で理解し合えないことによって地獄界が増大し、惑星の統制が取れなくなることによって混乱を招いている。そして、地球意識自体が暗黒エネルギーの中で苦しみ、のたうっている。自分の母星をこんなふうにするのがいやだから、異質なものを受け入れるのを拒否し、自分たちだけでまとまろうとする。共通の目的を持つ、仲良くできる者たちだけで、自分たちの使命・役割を、宇宙の中で果たそうとする星々が多くなってくる。

あなた方にはわからないであろうが、混乱とエゴが増大し、暗黒面のエネルギーが増えることすら取り入れて、自分のパワーを飛躍させるという、宇宙の法則がある。エル・ランティがやろうとしていることは、その法則を、三次元の物質世界の中でも取り入れ、地球を無限のエネルギーを発し続ける惑星へと変身させることである。無限に愛を発信し、宇宙の隅々まで輝き渡らせることが、三次元の惑星でも可能であることを、エル・ランティは示そうとしている。その意味はとても大きく、深いのである。

そのことを、わたくしが太陽系をつくったときに、あなた方の地球、青きプリンスに願い、本人が「その使命を引き受ける」と言った、そういう惑星であるということ。あなた方はそこの住人であるということ。そこを自覚していただきたいと思う。

「暗黒面」はあなた方のエネルギーの一部である。一種エゴとも、野獣性ともいうけれども、そのエネルギーを使って、人類もすべて進化してきた。それが究極になったとき、そのエネルギーを切り捨て、忌み嫌うのではなく、自分の中に取り入れ、自分たちのエネルギーとして吸い上げ、飛躍するチャンスとしていくこと。その中にこそ、真に究極の愛の、無限に進化する道があるのだということを、あなた方がシフトアップしたあと、地球から全宇宙に向かって発信していくのである。

今まで失敗に継ぐ失敗を重ねてきた。だから、「異民族を受け入れ、地獄界を形成し、さらに拡大していくような惑星は手本とすべきではない」と言われてきた。でも、このシフトアップが成功したならば、逆に無限の可能性が広がる。異質なものを恐れず取り入れ、暗黒面ですら自分の中に引き入れ、神のエネルギーとして利用していくことが可能になったときに、爆発的なエネルギーをもって、次の段階に進むことができるのだ。そのことができず、悩んでいる先輩の星々は多い。

勇気と、価値観に左右されない無限の解放の中に、真の爆発的エネルギーが宿る。それこそが愛の本質であると、その愛の新たな意味も含めて、地球は高らかに、全宇宙に発信することができる惑星になり得る。地球は、今度は太陽系だけではなく、ほかの銀河も含め、この大宇宙に愛を発信する灯台のような星に変わるのである。

10　地球人のためだけのシフトアップではない

あなた方は、今日本という場所にいて救世の計画を実行している。あなた方の教えとルネッサンスの動きをもって、この地球の灯台となる国へと変わるために、あなた方の国は頑張ってきたのではないか。この地球自体が、今度はその愛の原理の実績を持って、この大宇宙に発信する灯台の役割を持つ惑星になる。それこそが地球本来の使命なのである。

地球意識は、その使命を果たすために、この地球という美しい惑星をつくり上げ、生命を育んでこられた。そして、その役割を今果たさんとするために、このときが訪れているのである。そのことをあなた方は知る由もなかろうと、わたくしは思う。

太陽系に星々はあれども、この使命を担っているのは地球だけである。

それゆえに、月というものを地球につくることを、最初の段階で計画し、陰の意識としてセレニティを宿らせることを決めたのである。わたくしのパートナーが仕事をしに行っているということは、そういう意味があるということである。

わかりづらかったかと思うが、これは銀河系の使命でもあり、太陽系の使命でもあり、そして、その使命を太陽系の代表として、今、地球が担ってくれている。それが地球という惑星の本来の目標であり、存在意義でもある。それが、全宇宙からの観点である。

あなた方は精神文明の発達によって、地球人類がシフトアップするために、ほかの惑星の者たちのように宇宙空間に出て行くために、この計画が降ろされたと思って、頑張ってきたかもしれない。でも、そうではないということを、わたくしの世界から、いやわたくしではない、銀河意識の方の伝えたいことも含めて、今日は説明してみた。

11 銀河系のプリンスに希望を託して

伝えたいことはたくさんある。ほかのなくなってしまった惑星や、この者が見ている、ほかの次元の空間へ、メビウスの輪のように行って帰ってくること、あなた方の兄弟の惑星についてとか、数々の質問があるかもしれないが、そんなものはアカシックレコードを見ればわかることである。そんな知識や情報ではなくて、今のあなた方、この時点での地球が、宇宙の中においてどれだけ大きな意味合いを持ち、使命を持ち、その究極の場にあなた方が位置しているかということを、わたくしは今日伝えたかった。

この文明においては、あなた方が知っていることがあまりに少ないために、伝えられることがひじょうに限られてしまった。というのは、ほかの文明においては、ほかの惑星人と相当コンタクトし、宇宙空間のことについてもよく知っていたこともあったのだが、あなた方の場合は、ほとんどそれがご法度のように規制されているので、認識としてないのだと思う。

しかし、この地球が「プリンス」と呼ばれ、「高貴なもの」と言われるのは、太陽系全体が最大の目的とする使命と責任を引き受けている、崇高な、高い理想を持った星であるという敬意を込めて、「銀河系のプリンス」という称号を与えられて、今日まできたということなのである。プリンスの星であるからこそ、わたくしの妻を、パートナーを、この地球の衛星である月に宿らせ、今日まで導いてきたのである。

あなた方が今やろうとしていることは、単に一惑星のシフトアップということだけではなく、宇宙全体の停滞に対する新たな挑戦なのである。この試みが、失敗ではなく成功するのだという希望の原理を、全宇宙の先輩である停滞した惑星たちに向けて、愛の原理として、励ましの原理として発信する。その実績を、今ここで形づくるために、この地球の挑戦はあるのだということ。エル・ランティの挑戦があるのだということ。今、地球意識がひじょうに苦しんで、つらい思いをして血を流している。ほんとうにつらい中にいながら、それでも彼は、今回の行動実績をつくるため、愛の理念を全宇宙に発信するため、あなた方に希望を託している。それが今、クライマックスに達しているのだということ。その三次元の代表があなた方であるということ。その役割にあるあなた方だということを、どうか知っていただきたいと、今日、あなた方にメッセージいたしました。

ほかの瑣末的な情報に関しては、アカシックレコードを調べたり、九次元の方にでも聞けば、いろいろわたくしより細かいことを教えてくれると思う。わたくしは銀河系の中の太陽系を司る者として、そして、地球を見守り、愛してきた者として、今、あなた方のほうからわたくしのところに来てくれたというこの瞬間を、たいへんな感激をもって受け止め、その気持ちをあなた方にお伝えし、今のあなた方の役割、状況というものをお伝えすることにテーマを絞りました。

シフトアップはもう目の前です。この書籍を通して、地球の人びとを変えてほしい。「絶対に成る」というポジティブな思いで、あなた方が行動を起こされるのならば、もうこの計画の成功は目前であるということ。それをあなた方の勇気の原理、行動原理として、頑張っていただきたいと思う。

過去のあなた方の文明を見ても、このようなチャンスはなかったということ。それを、ここまでもってきてくれたあなた方に、心から感謝したいと思う。

どうか、最後まで頑張り続けていただきたいと思います。

では、今日はこれで、あなた方にお別れを言いましょう。

ありがとう。

多くの惑星がある中で、
この地球には大きな月というものが
存在している。
その意味するところは、
究極の二元論の中において、
陰と陽というエネルギーを使って
新たな愛の挑戦を、
新たな愛の形態を打ち出す惑星として、
この地球に
白羽の矢が立ったということなのです。

第三章　金星の法

セレニティ（月意識）からのメッセージ

二〇〇七年六月二十二日

女性たちよ、あなた方の一輪の、
あなた方だけの美しい花を咲かせなさい。
今ここでしか、この時代でしか、
この場でしか咲けない、あなた方の花ですよ。
あなた方だけの風です、吹かせていきなさい。

1　はるか昔からの地球人類との約束

セレニティです。今日お集まりの皆さま方、今日この場にお集まりくださり、わたくしをお呼びくださったことを、心より感謝いたします。なぜ今、わたくしが、ここに出て来るかということ、そのことをとても不思議に思われている方も多いかと思います。

この者（アマーリエ）の肉体は、今、もうひとりでは立ち上がることもできないほどに、エネルギーがダウンしております。もうすでに、八次元、九次元のメッセージをとることも命がけの状態で、なぜわたくしがこの場に今、出て来るかということ、そのことを今日どうしても、お伝えしたくて参りました。

先ほど、この者が申しておりましたように、わたくしが出る一時間前に接続をいたしました。本来であるのならば、もう少し早い時間から接続し、その日の話すべき内容のアイデンティティをみな伝えるのですが、早い時間から接続いたしますと、この者に残っているエネルギーが尽きてしまうということがございまして、直前まで何もコンタクトを送らず、一時間前にすべてのメッセージを伝えたのです。

わたくしが、今地上の方がたに、このようなメッセージを送るということは、今まで人類史上なかったことなのです。なぜこのようなことがあるか。なぜわたくしのような者が、皆さま方の前に姿を見せ、「女性の法」などというものをお伝えするのか。しかし、これはアクエリアスの時代を目の前にした今だからこそ、お伝えするのです。アクエリアスの時代が始まり、宇宙時代の扉が開いていくということが計画としてありました。そこまで今回の計画が成功してきたのならば、今まで歴史のかなたに隠されていた、女性本来の法を現すということになっていました。そのためにわたくしが姿を現すということが、地球神霊の、そして九次元をはじめとする、地球を守ってこられた、霊人たちに対する、わたくしのお約束事であったからなのです。

新たな宇宙時代の幕開けの前に、科学、宗教、すべてが統合されていく流れの中で、女性の本来の目覚めというものを含めて、救世の法というものが、説かれるべき時代がくる。そのためのエル・カンタラーという方が頑張られた今回の救世運動であるならば、この最後の救世運動、その成功をもって、わたくしが、地上の方がたに姿を現し、「女性性」という、「女性の法」というものを新たに打ち出していく。そういうことが、はるか昔の時よりの、あなた方、地球人類とわたくしとの約束事であったということなのです。

ですから、今日のこの日をもちて、わたくしは、あなた方に、今までは説かれなかった、しかし、昔も今も存在する、宇宙の法の中にある女性性というもの、女性のエネルギーというもの、それをお伝えしなくてはいけないために、使命を果たしに、こうやって参りました。

2 男女の役割の違いを学ぶための地球

「女性の法」というものを、より具体的により日常に現していくということ、それはいちばん必要なものであります。しかれども、わたくしは今の時代を今のあなた方の環境を生きている者ではないので、具体論を話すというのは、その任には当たりません。それをおやりになるのは、今の時代、三次元で暮らしておられる皆さま方がおやりになることだと、わたくしは思います。

わたくしは宇宙の根源から流れている、神の摂理(せつり)を、愛の摂理としての、女性性の役割というものを、法というものを、語るために参りました。そして、この者は、法というものを降ろすために遣わされた巫女であります。この者は命がけにて、その法を伝える役割にあり、より具体論を降ろすために出ているわけではないのです。

根源の法を降ろせる者がいる時代に、今その扉が開けられ、お伝えするということ。それ（根源の法）は、けっして目新しいものではないでしょう。宇宙の一切の万物を司る、ひとつの役割にすぎないかもしれません。でも、それがわかったときに、新たな価値観の転換があった時代に、あなた方の文明が行ったとしても、そこにおいてもまた応用されるべき、根本定理になるはずなのです。

今まで女性というものは、声高に法ということを語ることはなく、また、法というものを教えられるチャンスというのはなかったのです。まず、この地球の外殻というものをつくり上げ、環境をつくり、転生輪廻をつくり、この修行場としての形態をつくり、さまざまな役割を整えるために、九次元の方をはじめ、多くの方がたが努力されてこられました。

そこにおいては、圧倒的に、陽の男性の意識というもの、エネルギーというものが発揮されてきたのです。その中において、女性は、虐げられ、隠され、支配下に置かれてきたかもしれません。

しかし、そのような時代は終わりを告げ、人類はみな神の子であり、宇宙の愛のエネルギーの分け御霊(わけみたま)であるということ、また、それぞれ役割がみな違い、個々その個性において素晴らしいことが認識できる、今の地球という段階、そこにおいて初めて、地球の役割というもの、「男性と女性」というものを学ぶ、今というときがやっときたのです。

この地球には、月があります。太陽が照らし、照らされる月があります。月のある惑星は多いけれども、すべての惑星に月があるわけではないのは、皆さま方はご存じではありませんか？　なぜ地球には月があるのでしょう。そして、アカシックレコードでも、「太陽の法」の中においても、月というものが、地球の中から飛び出たというふうに、今回伝えられているはずなのです。なぜ地球の中から、月が飛び出て、そして地球の周りを月が回っているのか。ほかに数多く、惑星はあれども、星々はあれども、このように大きな月というものを抱えて回っている惑星というものは、ほかにあまりないのです。違うでしょうか？

宇宙の根源は、皆さま方が本来つくられた創造の原理においては、男女合一のひとつのエネルギー体であったのです。神は、陰(いん)の役割、陽の役割というものを通して、その役割の違いを真に学ばせるために、男女にお分けになり、そこにおいて、分けたものの中において、修行することによって、自らの性というもの、相手の役割というものを深く学ぶ、そういう場所を、そういう修行場をお望みになったということなのです。それが地球であるということなのです。

宇宙の中には、地球のような役割を持った星々というのは、やはりいくつかございますが、太陽系の中で、これだけ大きな月という、女性性のエネルギーと、手を取り合って回っている惑星は、ほかにないはずなのです。地球を修行場にするとき、男性であること、女性であるということ、それを肉体においても、はっきりと分けることによって、男性の陽の意識、女性の陰の意識というエネルギーを深く学ぶために、エル・ランティをはじめとする神霊たちは、肉体をつくり、用意されてきたのです。最後は、ひとつになるために、そして、互いの役割を知るために、地球というもの、地球人の身体（からだ）というもの、その精神性の学びの段階というものが設定され、地球という愛の星、修行場が与えられたということが事実なのです。

そしてそれが、今やっと幼い幼い段階ではあるけれども、自分たちが愛のエネルギーそのものであるということ、そのことを学び、神の一部であるということを学んだ者たちが、初めて女性という役割の、本来の意味を学ぶために、今日、時を持ち、場を与えられ、わたくしがこの者を通して、人類の前に姿を現しているのです。それほどに今日という日は、大きな意味があるのだということを覚えておいてください。

3 大きなターニングポイントは神のほうへ

今回、エル・カンタラーが説かれた「太陽の法」をはじめとする法、それは宇宙の摂理であり、地球の歴史を通した神の法であります。それに対して、「金星の法」と予言されていたように、いにしえの時より、「太陽の法」が説かれるときには、「金星の法」が説かれるという約束があったのです。その「金星の法」、ヴィーナスの法とは、「女性の法」であります。

それは本来、ほかの方が説く役割であったけれども、たまたまそれを伝えるのが、この者になったというだけであって、その使命の種類においては変わりはございません。今、この第三の計画により、「太陽の法」も朽ち果てようとしていたところに、太陽が今再び燦然（さんぜん）と昇り、そして「金星の法」が降ろせる今のこの地球の状態であるということを、わたくしは深く神に感謝したいと思います。

それと同時に、今地上におられるレムリアの皆さま方、よくぞここまで建て直し、この場をつくってくださったということ、集ってくださったということ、そのことに深い深い感謝を、天上界の者一同持っていると思います。あなた方がいてくださらなければ、わたくしセレニティの言葉も地上に降りませんでした。そのことを思うと、天上界も今日このときを迎え、感動に胸を詰まらせていると思うのです。

第二の計画の取りこぼしたところや、「太陽の法」の建て直しもありましたけれども、この者は使命を請け負ったときに「残りの『女性の法』を伝えよ」ということを、厳しく言われていたはずなのです。

その「女性の法」の本来の意味は、宇宙における「女性の法」であり、それを降ろすという使命がこの者にはあったのです。日常の中にあるさまざまな問題、それはこの者にやらせず、あなた方が残りの人生の中でおやりください。

わたくしたちは、宇宙の根源法を降ろします。それを聴いて、応用していただきたいと思うのです。これから先、地球の未来がどちらのほうに行くか。それは、今降ろされた法を応用し、この三次元の地球の中で、世界の未来をどのようにつくっていくかという、地上の者たちの努力の結果によって、変わってくるでしょう。

でも、大きな大きなターニングポイントは、神のほうへ向かったのです。ひとたび神の方角に向いていた道が途絶えました。しかし、今ひとたび、人類がめざす方角はまた神のほうへ、神の子として生きる道を選択するほうへ、あなた方は歩み出したということ、その可能性を開いたということなのです。それは、地球の未来を明るく切り開くものとなりました。

その一部として、根源としての女性性というものが、降ろされる必要があります。我々も、もうあと何回降ろせるかわかりません。ですから、降ろしたときに、皆さま方の中でよく咀嚼(そしゃく)して、あなた方の智恵として活かしていただきたいのです。

「歴史の中における手垢(てあか)」とこの者が申しておりましたけれども、言葉にはいくつもの思い、よどみが、まとわりついております。本来の意義を伝えたくても、我々はやはり、手垢にまみれたその言葉を使うしか、皆さま方にメッセージする道はないのです。ですから、言葉でお伝えしますが、思いで聴いてください。

4 陽の意識と陰の意識の役割

宇宙の根源において、陽の意識、陰の意識があると伝えられています。陽が明るく積極的であり、陰が暗く悲しく、劣ったものという、それはあなた方の文化の中に、歴史の中に染み付いた思い違いです。ただ、陰と陽という言葉がいちばん適正であるからこそ、我々はそれを使ってきただけなのです。

陽の意識は本来が男性性というものが請け負っています。男性においても女性においても、愛の表現体が、愛の表現のベクトルが違うというだけであります。両方とも愛を表現しているのです。男性の愛は、外向きに、社会を発展させ進化させていく、与えきりの愛。それをいちばんわかりやすく表現するならば、「聖アントニウス」または「太陽意識」、「大日意識」とあなた方が呼んでいるものかもしれません。簡単に言うのならば、そのシンボリックな意味も含めて、太陽と月、この地球には太陽が照るのと同時に、月が創造されているのです。

太陽は光です。光そのものです。そして、いつも積極的に愛を与えることによって、すべてのものを育み、太陽系そのものの進化を促進しているのです。光を放ち、周りの生きとし生けるもの一切を生かしむるという、積極的な思い、そのエネルギーが本来の男性の中にある陽の意識なのです。行き着くところにいけば、与えきり、与えきった、与え尽くした愛そのもの、光の発信、それが本来の男性の中にある愛でもあるのです。ただ、ときには熱くなりすぎて、地上を焼け焦がすこともありましょう。赤道近くのあたりでは、太陽の熱と光が強すぎて、水がなくなって、多くの者たちが苦しむこともあるかもしれません。時としては行き過ぎることもあるけれども、でも明るい太陽の恵みがあってこそ、地球の生きとし生きる一切の生物が、万物が、命を与えられているのではないでしょうか？　簡単に言うと、基本はそこです。

そして、それに対する女性性というもの、それは陰と呼ばれておりますが、その愛を受け止める力。「受容性」というと、またあなた方の引っかかりがあるのかもしれない。男性の陽の愛が、光が発信されるのならば、こちらも一緒に光を投げ返したら、途中でぶつかってしまうのです。エネルギーが循環するということは、あちらが与えきりの、与え尽くす愛と光を発信してきたのならば、その身をもって、男性の愛を受け入れる、受け止める、身体の中に入れていく、それが本来の女性性のあり方であるのです。

それによって、陰陽からのエネルギーというものは、循環を始めるのです。その愛の循環があってこそ、愛のエネルギーがあってこそ、地球だけではなく、あなた方の肉体だけではなく、大宇宙の隅々にいたるまでのすべての万物一切が、創造性のエネルギーによってつくられているのです。

5 肉体から宇宙まで創造原理はひとつ

女性性をもう少し言います。

男性の陽の意識、愛というものを受け止める。受け止めて自分の中に入れていったときに、それは変化をするのです。皆さま方の中に女性の意識というものを思ったときに、女性の意識を表現するのならば、水にたとえるといいかと思うのです。

万物の生き物、生物の、多くのパーセンテージを水によって、命を賄われているではありませんか。そして水は、入った入れ物によって、姿を変えていくのです。水というものは、丸い入れ物に入れば丸く、四角い入れ物に入れば四角く、どんな形にも変幻自在に、本来の形がなく染み透っていきます。

そして、その中に入って行ったとき、そこに命を吹き込みます。そこで、男性の陽の意識の愛のエネルギーを受けて、光を受けたときに、女性の中にある命の水と出会うのです。創造のエネルギーとして、そこに一切の創造原理が働く。天地創造と同じ、万物を創造していく、命の育みが行われるのです。それは、すべてのものの中においてもそうなのです。

惑星をつくるとき、宇宙をつくるとき、そして、ひとりの女性のお腹の中に子どもが宿るとき、すべてが同じではないでしょうか。神は最もご自分のお姿に似せられたものとして、わたくしたちの身体をおつくりになりました。肉体の中の、受精から出産にいたるその創造原理の中に、宇宙の神秘を、智恵(ちえ)をすべて封じ込めて、あなた方の肉体をつくったのです。極小のあなた方のこの肉体から、この宇宙全体、小宇宙、大宇宙、そのすべてにいたるまで、この創造の原理というのはひとつなのです。同じなのです。学ぶのであるのならば、そこなのです。

ある惑星においては、もう男性性、女性性というのは超えて、その創造の原理を自分の中において発揮して、仕事をしている者たちもおります。でも今、地球の段階においては、男性性、女性性というものに分かれながら、自分たちの役割というものをしっかり深く学びをするという、そういう愛の段階の修行場ということなのです。

その中において、積極性のエネルギーをもって男性が思いっきり働かれ、愛と光を投げかけたときに、それを深く受け止め、自分のものとし、そして自分の中にある命の水を吹き込んで、創造原理で、また相手とも、自分とも違う新たな命を生み出していく。

そうやって、命がけでその命を産み落とし、そして、命が産み落ちたのならば、お乳をやり、かわいがり、いとおしみ、その子たちを育てていく。

子どもたちを、赤ん坊を産んだ母親の姿の中に、地球というものを永い永い間育んできた、わたくしや聖アントニウス、エル・ランティたちの思いそのものがあるのです。

あなた方は知らない。

この地球にあなた方が、今ここで生息できるようになるまで、どれだけの苦労の中で、この地球環境の中で、あなた方の肉体が生き抜くことができるように、環境を整えられたかということ。

この肉体というものをつくるために、どれだけ九次元の者たちをはじめ、ほかの宇宙の天体の友人たちが苦労なさり、今日まで導いてくださったかということ。

わたくしたちが、どれだけあなた方を愛し育み、今日まで連れてきたかということ。

そして、今日このときをもって、あなた方に同じ女性として、この思いを伝えることができるわたくしの胸中がどんなであるかということ。

あなた方はわからないかもしれない。

6　変換するエネルギーを持っている女性性

男性がどれだけ優れていたとしても、太陽がどれだけ素晴らしかったとしても、女性性というものなくしては、命は芽吹きません。宇宙の一切の創造原理は行われないということなのです。

それを分け与えられて、今存在している我が愛する女性たちよ。

あなた方は、その存在そのものにもっと誇りを持たねばなりません。

いたずらに男性と競ってどうしますか？

あなた方の身体の中にあるその創造の力は、その身体の中にある愛という体液、その水は、万物を生み出す力を持っているということなのです。

その同じエネルギーにより、天地は創造され、宇宙は創造されてきたのです。

これは、地球がアクエリアスの時代を超えて、宇宙の時代に行ったとしても、変わらない真実なのです。「だから家に入れ」とか、そういうことではないのです。

あなた方の本来の役割を知る上で、宇宙の根本法則、根本原理からあなた方のエネルギーというものを理解しなければならないのです。一時の歴史的な民族的な、時代の価値観の中だけで翻弄(ほんろう)されてはいけないのです。女性の幸せは常にそれにあったがゆえに、常にとても不幸であるか、とても甘やかされてきたか、どちらかであったということなのです。

自分たちのエネルギーの根源は何であるか。

わたくしが今このように、創造原理というものを、子どもを産むということにたとえてお話ししたからといって、「じゃあ、子どもを産むためだけに家庭に入れ」と言ったかというと、そういうわけではないのです。

創造原理というのは、宇宙が星々を生み出すように、与えられた地球環境から新たな文化や文明を生み出すように、そして、新たな芸術作品が生まれていくように、あなた方女性独特のやさしい、愛を育む、すべてを受け入れ、抱きしめ、新たなものを産み変えていく、本来のあなた方のエネルギーによって、触媒(しょくばい)のように、また全然違うエネルギーを生み出していくことができるということ。そういう変換するエネルギーを持っているのが、女性性なのです。そのためにわたくしは、「受容性」という言葉を女性の法の中に入れたのです。

それは、愛の思い、男性の思い、外から来るさまざまな思い、アイデンティティ、その時代の中で要求される、歴史の中で要求されることって、別々のことがあるのです。その理念、それをもし花の種にたとえるのであるのならば——。その時代の要求、理念があったときに、一度それをあなた方の中に入れてください。抱きとめてください。受け入れるのです。裁くのではなくて、愛の思いで皆さま方が、受け入れるということ。男性たちに対してもそうです。

完璧な者などいないのです。

無条件で一度、男性の愛を受け止めてあげていただきたい。

子どもたちを裁かないでいただきたい。

お勉強ができるとか、できないとか。しつけがいいとか、悪いとか。そんな思いじゃなくて、ありのままの、そのお子さまたちを、男性たちのありのままの、弱さも含めた男性たちを、そしてありのままの歴史の真実を、一度その胸の中に抱きとめていただきたいのです。裁くのではなくて。

そして、あなた方の母性という愛で抱きしめて、変容させて、勇気を与えて、本来の姿に浄(きよ)めて、また飛び立たせてあげていただきたいのです。

子どもはひとりだけでは、大人にはなれません。

誰よりも母親の愛を、見守りを、ぬくもりを、求めているのです。

裁かれるために、子どもは生まれてくるのではありません。

愛されるために生まれてくるのですよ。

子どもたちは、一人ひとりみな違う可能性を持った花の種です。

男性方も同じなのです。

男性はとても強いように思うけれども、とても弱いところがあるのです。

瞬発的な力が強いけれども、寂しさ、孤独を、ひとりで抱えているのが男性だと思います。

そのときに相手を裁くのではなく、ありのままにあなた方の中で、受け入れて、抱きとめてあげていただきたいのです。

黙って抱きとめてあげてほしいのです。

それが女性のエネルギーなのです。

その女性の愛のエネルギーをもって、あなた方は相手の悩み苦しみ、それを浄化してあげてください。

そして、その中において、新たな命が芽吹いたとき、歴史でいうのならば、新たな文明のようなものが出たときに、母なる愛の中で育まれたものは、思わぬものを孵化させ、フェニックスのように大空高く飛び立つことでしょう。

それは、あなた方の愛の中に一度抱きとめられなければ、この時代は、新たな産声を上げることはできないのです。

7 地球の大転換期だからこそ、母性が必要とされている

男性方の指導者が今回、大変な目に遭いました。

地球というところに、まだ地獄界というものが存在するがゆえに、このようなことになったと思います。

地獄界というところがあるということは、地獄界で修行するということが許されている、ありがたい星であるということなのですよ。

ほかの惑星には、地獄は存在を許されない星々が多いのです。

でも、地獄界の中において、まだ魂の学びが済んでいない者たちも、それでもまだ時

の猶予(ゆうよ)が与えられて、そこで学ぶことができる、修行することができるということ。そのことが許されている、その学びを許されている段階の星であるという、その寛容さと愛に満ちているのです。

地球神霊は、どれだけおつらいことでしょう。

ご自分の身体の一部を、地獄界のように光をさえぎるところの者たちに提供しているのです。でも、そのご自分の痛みに耐えてでも、この悪想念の渦巻く中に耐えてでも、それでも、まだ低い、まだ愛の初歩を学ぼうとする、地球人類に対して、その身を挺(てい)して愛を学ぶ修行場を与えてくださっている。それが今、地球神霊のお姿であるということなのです。

そして、あなた方女性たちも、そこの中において、愛を学ぶ修行をしているのです。

今、悪想念の中で、九次元と呼ばれる方が、指導能力を失いました。大変ショックなことではあるけれども、考えようによったら、新たな時代の価値観、大転換、価値の大転換を行っていく時代、今までの歴史の発展段階と全く違う展開を、霊性の目覚めというものも含め、宇宙の中の一員ということを自覚することによって、人類が新たな飛躍の扉を開けていくとき、一度その時代は、女性の胸に抱かれなくてはいけないのかもしれません。

女性という母性のエネルギーの中に迎えられ、そして、そこで一度、怒りを鎮めなくては、新たな時代は生まれなかったのかもしれません。

男性の大指導者によって、次の転換が行われていけなかったからといって、失望しなくていいということです。

こんなに大変な地球の転換期であるからこそ――。

逆に役割として、いちばん向いていたのは――。

一人ひとりの能力を、一人ひとりの失敗を裁くのではなくて、多様な価値観、多様な霊言、すべてを出しながら一切を裁かず、一切を価値づけることなく、序列化することなく、ただただそれを無心に伝えることをもって、それをすべて胸に抱きとめ――。

すべての多様な民族、宗教、国家の方がたを、その時代の中で胸元に抱きとめるには、本来の女性の母性という役割、母性のエネルギーというのが、いちばんこの時代に必要であったものかもしれないと、わたくしは思うのです。

そのエネルギーに、その愛のエネルギーに抱かれていったとき、地球の者たちは怒りを鎮め、今までの永い永い歴史の混乱と、お互いが無知蒙昧ゆえに傷つけ合ってきた歴史に、終止符を打てるのかもしれません。

今、あなた方に「このすべてをわかれ」と言っても、理解できない方もおられるかもしれないけれども、今のあなた方がわからなかったとしても、百年後、千年後、この神理がわかればよいのです。

根源にしてとてもシンプル。

わたくしは、はるか昔から、この思いの中で生きてきました。

これは、宇宙が創造されたときからの愛の摂理であるから、変わらないのです。

あなた方が知ろうと知るまいと、あなた方が理解しようと、否定しようと、宇宙創造のときから、神が愛のエネルギーとしておわします、この宇宙をつくられたときから、この愛の法則は、厳然(げんぜん)と流れているのです。

その中で、わたくしたちは、生かされ生かし合い、育み合い、生きてきたのです。

今のこの時代こそ、本来の受容性と母性というもの、女性性というものを真に受け止め、理解していくということ、それがわたくしたち女性にとって、いちばん大事なことかもしれません。

この女性のエネルギーがいかに解放され、一人ひとりの女性たちが、自分の役割というものを燦然と輝かすように、この時代に光を投げかけて、投げ放っていくことができるのならば、あなた方の母性の愛のエネルギーが結集したときに、地球の怒りを鎮め、地球に住む者たちの怒りを鎮め、この時代を愛の星に生まれ変わらすことができるかもしれない。

それほどに、あなた方女性たちが持っている力というのは大きいということ。

そのことを理解していただきたい。

教育を受けられるようになったから、自由が手に入ったから、甘やかされて今の女性たちは、自己本位に生きることをもって自由と履(は)き違えています。

自分の存在意義というものを、自己顕示(じこけんじ)だけで光らすことをもって、自分の人生の価値を見出そうとするのならば、それはとても愚かなことであると言わざるを得ません。

8　神はすべての答えを込めて人間をつくられた

基本は、いかなることであったとしても、あなた方は受け止め、そこで浄化し、愛として社会に発信していくということ。

それは仕事においても、育児においても、もし芸術的な才能をお持ちの方であったとしても、医療関係者であったとしても、すべて同じなのです。

男性のお医者様がいて、女性のお医者様がいる。

女性のお医者様であったのならば、何ゆえにそのようになるか、患者さんの思いを聞いてあげる。

ああだ、こうだ、いろいろと言うお医者様もおられるでしょうが、ただただ受け止めて、聞いてあげて、抱きしめてあげるような思いで患者さんを導かれる。

そのときに、あなた方の持っている女性のエネルギーが、患者さんの中にある、本来の「宇宙の根源にある、命を回復していくという自然治癒(しぜんちゆ)能力」に働きかける。そういう力が女性の中にはあるのです。

神は、本来は、お医者様や薬などなくても、生きていけるように人類をつくっておられるのですよ。

未来の地球には、お医者様は失業し、病院は姿を消すことでしょう。

心と身体が調和し、宇宙のエネルギーの中で浄化される。

そして、みんなの思いが浄まっていったのならば、病気という結果のものはなくなっていくはずなのです。

そうすれば、お薬や手術などという野蛮(やばん)なものはなくなっていくと、わたくしは思うのです。今の段階において必要なものであるということです。

だから、いちばん大事なことは、もし病になったとしても、これが女性の方であったらですけれど、薬などでノウハウをたくさん言うことよりも、その患者さんの痛みの思いをね、一度受け止めて、愛の中で浄化してあげられるような、そういう関わり合いをしていくことです。女性のエネルギーの中には、不思議な力があるのです。

そうしていったのならば、お母さんを見る思いで、その先生にすがっていったとき、その者はもう一度、相手の女医さんの体内の中で、子宮の中に戻ったような思いで、もう一度命の原点に戻って、本来のその方の中にある、生命の治癒能力というものが刺激されて、ご本人自らで治っていく力というものがわいてくる。それほどに不思議なのが女性性というものなのです。

そうでなければ——。

お子さまを産んだことのある女性の方がたは思い出してください。十月十日(とつきとおか)、お腹(なか)の中に受精卵が入ってから、指一本、爪一本、髪の毛一本、あなた方がつくりましたか？　気分が悪かったり、つわりがあったりは、したでしょう。でも何もつくってはいないでしょう。でもちゃんと髪の毛が生え、ものが見えるような目があり、耳があり、口があり、鼻があり、両手両足があって、ちゃんと心臓の鼓動が聞こえていたではないですか。

あなた方がつくりましたか?

宇宙の中で、宇宙の中にある星々が、惑星がつくられるときと同じように、ビッグバンの中で、太陽系がつくられていったときのように、宇宙がつくられていったときのように、あなた方の子宮の中で、宇宙の創造原理が働き、神の姿にそっくりな神の子を、あなたの身体は創造したのですよ。

当たり前と思ってはいけません。

そこに神はすべての回答を込められて、あなた方人間たちをつくり、男と女を分けられたのです。

そこにすべての答えがあるのです。

もう一度学ぶのです。当たり前になってはいけません。

この生命の神秘は、あなた方女性性の根源的なエネルギーなのです。

そして、このすべてを受け入れ、育み、クリエイティブなものをつくり上げていくという力、これをもって、あなた方は新たな時代をつくりなさい。

地球の半分である女性たちよ、あなた方の本来の力を使いなさい。

今、時代はあなた方の母性を、あなた方のエネルギーを、最も必要としているのです。

9 女性性のエネルギーを使って地球を救ってください

男性たちは命がけで、一生懸命法を降ろし、法を整え、社会を改革し、知でもって整備なさっていくことでしょう。力を持ち、正義を持ち、勇気を持ち、時代を革新的に変えていかれることでしょう。

これは力も強い、エネルギーも強い、陽性の男性たちがおやりになることなのです。

でも、それをもってしても救えないときがある。

時代の大きな価値観を転換させていくとき、人類がわがままなエネルギーを発散したとき、価値観の違いを、男性たちは受け入れることができないのです。自分たちの価値基準を主張することしかできない。

それゆえにぶつかり、戦争が起きているのです。

男性たちが自分たちの価値を主張するがために殺し合い、傷ついていったときに、それを収めていくもの——。

息子を戦争で亡くした母親たちの涙と同じなのですよ。

世界中で、戦争で死んでいく若者たちがいます。

あなた方は、そのすべての戦士たちの母なのです。

そのような思いで、女性性を受け止めなさい。

そしたら、あなた方は何をしますか？

「そんなことはしてはいけない」と、主張できるではないですか？

それが女性の力ですよ。

男性と一緒になって、反戦運動を繰り広げることが、女性のエネルギーだけではありません。

反戦であったとしても、女性の思いの中において、命の尊さを、愛する者を失うことの悲しさを、「なぜ男性方は、自分たちの価値観に振り回されて、自らを主張することによって、あなた方は傷つけ合い、地球を傷つけ、わたしの息子を、夫を殺すのか」と、叫ぶことができるのは、女性、あなた方であるということです。

その言葉だけが、最も人びとの心を打つのです。

それは、すべての人類は、女性の身体から生まれたからですよ。

すべてがわたくしの子どもたちなのです。

わたくしは地球の母です。

地球人類みんなの母です。

あなた方すべてをわたくしの身体の中から生み出したと、わたくしはそう思っていとおしみ、今まで生きてきました。

あなた方を愛しているのです。

だから、愛するあなた方が傷つけ合い、殺し合い、憎しみ合い――。

地球意識が、これだけ傷つきながら育んでこられた、わたくしの愛する星、地球を、これ以上苦しめ、地球意識を苦しめ、あなた方も自ら苦しみ合い、傷つき合い、滅んでいくことは許せないのです。

母であるわたくしが許したくないのです。

それを止めるのは、女性である、わたくしたち女性のエネルギーを結集していくということなのです。

命芽吹くとき、新たな命が胎動していくとき、今までの古きものが滅びる中で、多くの命が滅びていくこともあるでしょう。

そういうことは、肉体の命だけではなくて、わたくしが申し上げているのは、魂における命、魂の命が再生するとき、魂の母であるわたくしが、今この地上に降り立ったのです。

そして、あなた方に、「本来のわたくしが、あなた方をつくるときに分け与えた、女性性というエネルギーを、思い切り使うことをもって、この地球の危機的状況を救うように」と、今伝えたいのです。

女性たちよ、あなた方は、自分の知らない力を持っています。

でもね、その力を発動するには、まずあなた方が、神の子であるということを——。

神は宇宙を統べる愛のエネルギーであるということ。

であるのならば、神の子であるあなた方は愛の一部であること、自分は愛そのものであるということを、自覚をしなくては、あなた方の中にある愛のエネルギーを使いこなすことはできなかったのですよ。

愛そのものなのです。

あなた方の中にある愛のエネルギー、その変容する力、それを今伝えるには、あなた方に、自分が愛の存在そのものであるということの自覚がなかったのならば、この法を説くことはできませんでした。

だから、このときを待ったのです。

その上で、皆さま方は、どうかご自分たちの役割ということを、今の社会の中において、日常の中において、広めていただきたいのです。

10 女性たちよ、美の表現者であれ

それと、今日、多くの方がたに、わたくしはメッセージを送っていたのです。

「女性たちよ、美の表現者であれ」ということ。

「美の表現者であれ」ということが、「フリルやレースを着なさい」ということではないのです。それは、皆さま方の個性に任せてよろしいのです。

でも、この地上に、もし女性がいなかったら、男性ばかりであったら、さぞかしむさくるしいことでしょう。違いますか？

美で彩るために、神は女性をつくられました。

ささやかな思いやりです。

この愛の星を彩るのは、花々の美しさだけではないのです。

年齢だけでなく、種族も関係なしに、女性は美というものを表現していく。

装う(よそお)ということをもって、周りの方がたに対するいたわり、励まし、生きる希望というものを与えることができる。それが、女性を本来おつくりになった、神が期待されたエネルギーでもあるのです。

皆さま方、ですからどうか――。

「華美なものを身につけよ」とは申しません。

今、どうですか? 自己顕示のためだけに装うことが流行(はや)っております。

ファッションという名のもとに、高価なものを手に入れること、買い物の中毒になって、あと、自分の目鼻を変えてまで装うことをもって、美の表現者だと思うのならば、それは大間違いだということです。よろしいですか、違うのです。

ファッションとして、美しく装うということは、周りに対する思いやり、愛の表現であるということなのです。

美しい花――、ああ、あそこに今、美しい花がありますね。どなたがくださったのでしょうか?

花には花の精霊がいます。

精霊たちはこの世を美しく彩るために、その使命を与えられて存在しています。花の妖精たちです。

天上界が「天国」と呼ばれるということは、何を象徴していますか？

「天国のお花畑」という言葉を象徴するではありませんか。

美しいお花が、色とりどりの花々が乱れ咲く、それが天上界の美しさでもあります。

善なるものを、美を、表現しているのが、天上界でもあります。

であるのならば、この地上を天国にしましょう。

皆さん。

神の子の住まう、天国にしましょう。天上界にしましょう。

三次元の天上界にするには、あなた方である花が、美しく咲き乱れることです。

花がなぜ美しいか？

無心に咲くからですよ。

誰かに評価されて、誰かに美しいと思われたい、そういう思いで、表面をゴテゴテ飾るのは、美とは言いません。

ただただ無心に、自分の役割を、自分の存在を、でも精一杯、自分自身らしく装うことをもって、多くの方がたの目を楽しませていく。それをもって、「美の表現者」と申し上げているのです。

高価な高価なもので、醜(みにく)い心を押し隠し、表面だけをゴテゴテやったとしても、少しもそれは美しいとは言いません。

忘れないでください。

そして、「心だけがきれいだったらば、表面は何着てもいいじゃないか」と言って、髪の毛も何もとかさず、何もしない方もいるけれども、それは、女性としてあまりにもったいないということです。

美というのは、愛の表現形でもあります。

愛と叡智（えいち）というものが結び合わさったとき、美という表現が出てくるのです。

「神が宇宙の最大の芸術家である」と言われているゆえんでもあります。

神の愛のエネルギーが、その叡智とともに光り輝くとき、神は偉大なる芸術家として、美という表現形をもって、宇宙を彩るのです。

ですから、惑星は――。大宇宙を覗（のぞ）かれると、美しくありませんか？

宇宙は、うっとりするほど美しいと思います。

深海の中を見てください。

わたくしたちが見なかったとしても、その隅々まで、神はその愛を表現するために、美という表現形をお使いになるのです。

であるのならば、あなた方も愛を表現するのであるのならば、美という表現形が伴うということ。

それこそがわたくしが申し上げた、「女性は美の表現者であれ」と、あなた方に祈りをもって伝える理由であるのです。

ほんのわずかな、ささやかな気遣(きづか)いが、あなた方とともに生きる方がたに、喜びと希望を与えるのです。

一枚の布を、まとうかまとわないかだけで、あなたを見る人びとは幸せになっていく。

そのために装ってください。

それをもってあなた方らしさを表現するという、表現手段にしてください。

そうであるのならば、けっしてそれは自己顕示でもないし、そんなにお金がいるものではないと思います。

ただその配慮、そのやさしさ、自分の役割に対する誇り、それをどうか、使命としてわきまえていただけたらと思うのです。

そのような願いをもって、「女性の法」というものを降ろさせていただきました。

確かに今の修行段階においては、地球次元に限るものも、多少あるかもしれません。

でも、今、地球が地球として、次の段階に行くために、女性の役割として、これはとても必要なものかもしれません。

そして、この時代だけのことではなくて、普遍的な神理でもあります。

女性だけに特定する気はないのですけれども、女性のエネルギーの尊さ、女性の役割の素晴らしさ、神秘、生命力、そういうものにもっと気づいていただきたいと思って、今日は語らせてもらいました。

11 あなただけの一輪の花を咲かせなさい

皆さま方にある生命の神秘というエネルギーは、本来は母体の中から生まれてくるものなのです。そこに働きかけるのは、宇宙の愛のエネルギー、陽のエネルギーであります。

いかなる女性だとしても、処女受胎（じゅたい）はできません。男性のエネルギーあってこその、子どもの誕生であるということです。

それは、宇宙の創造原理においても同じなのです。

神はおひとりで宇宙を創造して、ビッグバンが起きているのではないのです。

やはり、男性エネルギーがあるのならば、女性エネルギーとともに、その中において、新たな生命を生み出しているということなのです。

そして、女性の姿が水という、形をいかようにも変幻自在に変えていく力があるということ。そして、愛により祝福し、生命の存在すべてを浄め、新たな力で甦らせて、そうフェニックスのように——、この数日出ているフェニックスのように、大空に飛び立たせていくことができる、新たな時代をつくることができるエネルギーもまた、母性に隠されているということ。

そこをあなた方はわきまえなさい。

女性がこの時代の中で、果たす役割はとても大きいということです。

今までは、虐げられ、隠され、自分自身も迫害され、女性たちは悲しい、苦しみの中で、トラウマを持ってきたかもしれない。

でも、そのすべてを浄めてしまうほどに、あなた方本来の強い力があるということ。

どうかその力に気づいてほしい。

あなた方のエネルギーは尊く、神より祝福され、宇宙創世のときよりつくられた役割であります。

どうか皆さま方に、その自覚が芽生えますように。

わたくしはいつも、あなた方を愛しております。


女性たちだけではなく、男性たちも愛しております。

わたくしは、あなた方の母であります。

あなた方男性たちは、誰ひとりとしても、母の胎内から出なかった者はおりますまい。すべて母親から生まれているはずであります。

わたくしは、あなた方の母です。

今この時代を見守らせていただいております。

あなた方に勇気と愛を送ります。

頑張りなさい。

この時代をつくるために、命をかけて頑張りなさい。

男性は男性として、陽のエネルギーとして、渾身(こんしん)の力を甦らせて、新たな時代を築くのです。

女性には女性の役割があるということです。

あなた方が、知と勇気と行動力で、この時代を変えていくのならば、女性たちはその愛の思いにおいて、この時代で多くの傷ついている人たちを——、子どもたちだって、みんな傷ついています、その傷ついている者たちを受け止めてあげてください。

主張して突き放すのではなくて、受け止めてあげることです。

そして、あなた方の持っている精一杯の愛で、浄めてあげてください。

そして、甦らせて、また新たなフェニックスを一羽ずつ、大空に羽ばたかせてあげてください。

そのエネルギーが女性たちのエネルギーであるということです。

気づかなくては、その力は出ないのです。

何事もそうですよ。

自覚をしなければ、自分の力には目覚めません。

そして、腹をくくらなくては、己自身の力は出てこないのです。

その自覚のために、今、法が降ろされているのです。

自分自身に気づき、自分自身に自覚を持ち、自分自身と向き合い、己自身の力を再認識するために、今この「太陽の法」が降ろされているのです。

けっして新しいことが降ろされているのではない。

昔から宇宙を流れている摂理であります。

愛の摂理であります。

根本法であります。

この者が伝えているものは、すべて根本法であります。

それを、今のこの地球の段階に応用させてください。

自分の根源的なエネルギーからでしか、人は、本来のほんとうの仕事はできないのです。

男性性、女性性という根源をわかった上で、お一人おひとりに込められた神の豊かな個性、彩りある個性の力をもって、素晴らしい仕事をしてください。

あなた方がそれができるには、まずしっかりと法に基づき、自分自らが何者であるかということを悟る、そのことをもって以外、あなた方の力を爆発させることはできないのです。自覚することはできないのです。

それができたとき、今この時代の中で、あなた方はここに、この時代でしか咲かない、あなた方の一輪の花を咲かせなさい。

あなた方が、この時代の中でしか吹かせられない、男性方の風を吹かせなさい。

このルネッサンスの風を吹かせていきなさい。

女性たちよ、あなた方の一輪の、あなた方だけの美しい花を咲かせなさい。

今ここでしか、この時代でしか、この場でしか咲けない、あなた方の花ですよ。あなた方だけの風です、吹かせていきなさい。

それには、あなた方自身に出会わなくてはいけません。嘘偽り(うそいつわ)のない、あなた方自身に目覚めていったとき、あなた方の力が出てくるのです。

それをもって、この地球の未来は変わることでしょう。

今日はこれにて失礼させていただこうと思います。

また機会があれば、またわたくしのほうから伝えさせていただこうと思います。

今このとき、わたくしがこの言葉を伝えに来るのが、あなた方人類とのお約束でありましたゆえ、今日は参加させていただきました。

これにて失礼いたします。

あなた方の身体の中にある
その創造の力は、
その身体の中にある愛という体液、
その水は、万物を生み出す力を
持っているということなのです。
自覚を持ち、
あなた方の魂の力を発揮していただきたい。

第四章　悪魔の起源

大天使ミカエルからのメッセージ

二〇〇八年二月六日

「あなたはわたしの魅力をわかっていないのだ」と。
「認めてほしい。受け入れてほしい。愛してほしい」と、
ルシはいつも神に向かって叫んでいます。

愛情が欲しくて欲しくて、
暴力を振るい続け、親を殴り続ける、
引きこもりの青年たちが最近多いでしょう。
あれはまさに、ルシの姿そのものなのです。
愛を求めているのです。
愛に飢えているのです。

1 宇宙連合が発足したきっかけ

ミカエルでございます。今日は、わたくしとルシとの過去の話、今まで明かさなかったその過去の歴史を明かし、その上で、我々が何ゆえに地球に来たか、そして、「究極の二元論」と、この間、聖アントニウス様がおっしゃられていたように、地球という星の使命との関係において、それがどういう意味があったのか、そのことをお伝えしようと思います。

かつてその昔、我々が地球に来る前、我々の星々の中で、どういうことが起きたか、それを詳しく話すときりがないので、概要だけをお話ししようかと思います。

その昔、我々のいたベーエルダの星、そして、その星々の領域の中で、忌まわしい戦いがありました。高度に進化した星々の中で、それぞれが互いにスペース・エンジェルのようになって助け合っている中で、何ゆえにそのような『スター・ウォーズ』のような戦争があったかということ。それを今地球がステップアップせんとするときにおいて明かしては混乱をきたすので、その話は伏せておかれました。

そのとき、ルシという男は、たいへん知性と力に満ちた男でありました。あなた方からさっき質問が出ていたように、何ゆえに彼がそれだけの力が持てたかというと、今あなた方の世界において、裏界、ないしは裏界から少し判断を間違うと下に行ってしまうという、やはり力でもって思いを実現していくという、神のごとくあるその創造力、その具現力にたいへん長けた男でありました。ひじょうに高度な知性を持ち、その知性を誇り、その創造力のパワーに自らも酔いしれ、神のごとくなれると、我々から見るとそのように、うぬぼれていってしまったのです。

当時、惑星連盟という、高度に進化した惑星の間に、宇宙連合の原初的な段階のユニオンのようなものがございました。ひじょうに無垢な、神の手足となって働こうというさまざまな者たち、あなた方から見たら異星人たちが、みんなで力を合わせて連盟をつくっていたのです。それは宇宙の中のひじょうに広い領域でございましたが、そこで彼は、連盟に所属する星々の代表の者たちの心に、「あなた方も自由意志があるのならば、わたくしがやっているような神のごとき創造性を使って、もっともっと自己実現できるよ」ということを、表面でそう言うのではなく、彼らの気づかない形で一種のそそのかしをしたのです。そして、愛と敬意と友情で結ばれていた惑星連盟の者たちの間に不信感の種をまき、信頼の絆(きずな)をズタズタにし、そして、とうとう惑星同士が戦いにいたってしまったのです。実はそのようなことをしたのが、ルシという男でした。

彼の持つ魅力、彼はひじょうに知的でかつ説得力を持ち、そして力が長けていたので、その力により信奉者がひじょうに多かったのです。彼についてくる者たち、彼のファンの者たち、その一大勢力というのが彼を守っていたのです。『スター・ウォーズ』という映画の中にあるように、高度に科学文明を持った者たちが、その不信の種の中において、愚かにも宇宙空間で戦闘を繰り広げてしまったという、そういう歴史があったのです。

ルシフェルという男は、オーム神霊の持つ力と同じ、いやそれ以上のものが自らにもあると、神に挑戦し、神に自らの力を認めさせようとしました。神のごとくなり、さらにオームを凌(しの)ぐような大きな存在になれると、なれるはずであると、一時は信奉者を集めて力の拡大をはかり、多くの者たちを惑(まど)わせたのです。ふたつに大きく分かれて戦った、そのときの闇のそそのかしの張本人がルシであったということです。多くの者たちが、どちらかについて戦いました。ひじょうに多くの犠牲(ぎせい)が伴い、その戦いの中で惑星自体が破壊されてしまったものたちもあります。

しかし、最後は、大いなる宇宙の神に帰依(きえ)する者たち、すなわち、自らがたとえ神の素晴らしい表現体であったとしても、それでも自分たちは大いなる神の一部であって、宇宙の根源的な神に帰依する心が大切であると思う者たちが、その中で戦っている者たちの半数よりもわずかな比率であるけれども多く、そして力も伴っていたので、ルシたちが率いた勢力を封印し、打ち負かすことができたのです。

その後、惑星連盟は、ルシとその仲間として動いた者たちを裁判にかけました。何ゆえにそのようなことをしたのか、その思いの間違いを彼に反省させるようにもっていきました。そして、他の者たちにおいても、あまりに無垢で、あまりに善意に解釈し、あまりに人を疑うことがなくなっていた段階の惑星の者たちでも、いくら進化していたとしても、究極的には自らを神のごとく成長させていき、表現していく中において、心の片隅(かたすみ)にエゴの思い、神のごとくなりたい、いや、神をも凌ぐ存在であるというエゴが最後の最後に残っていて、「我々も、いつルシの二の舞になるかわからない」と、反省しました。それゆえ、「宇宙連合というものをつくって、お互いに宇宙の平和を乱さないようにしよう」と、そして、「進化発展していく星々のためにも、我々はひとつの規律をつくり、このような戦争を繰り返さないために、皆でともに次なるシステムをつくろうではないか」ということで、宇宙連合というものが発足した、そういう経緯があります。

2 「オリオン大戦」のてんまつ

あなた方の今の地球で、ほかの異星人から伝え聞いたことの中に、「オリオン大戦」と呼ばれているものがあるかと思いますが、それが、わたくしが今言おうとしているものに相当すると思います。しかし、混乱してはいけないのは、この方（アマーリエ）が来たのがオリオンということになっておりますが、そのオリオンの星の者たちが起こした戦争とはまた違うということです。オリオンというのは、ルシファーたちが所属していた、その世界にあった連合のようなものをいうのです。そのエリアにおいて大戦があったということをいっているのであって、この方の母星の者たちが引き起こしたということではありません。わたくしのいた星にしても、この方がいた星にしても、あなた方の感覚ではとても遠いもののように思われるかもしれないけれども、わたくしたちが星々の間を動くスピード感からすれば、ほんとうにご近所であり、同じ地区にいる仲間であると感じられる、そのような位置関係にあります。

わたくしもあのときのことを話すのはたいへん気が重いのですが、もうそろそろそのことを話さなくてはいけないと思います。あなた方は先ほど、「魔王と呼ばれる者たちが、上位霊界から地獄に堕ちている場合が多いのはどうしてか」と質問されましたが、それは、そのときのルシの部下たちが多いということなのです。ルシの信奉者たちが多いのです。そして、彼らの惑星はたいへん高度な惑星であり、ひじょうに高い境地とエネルギーと科学力を持ち合わせていた星の者たちですので、地球に来たあとも、ひじょうに大きな力を出す能力を兼ね備えていたのです。そして、先ほどの話でありますが、その評議会の中で、ルシとその仲間たちが引き出され、彼自身に対するジャッジが評議会で下ったのです。

それがどういうことかと申しますと、ルシはエル・ランティ預かりになったのです。そのとき、ベーエルダで、エル・ランティの新たな挑戦というものがありました。ルシは、戦争犯罪人として罰を受けるために、地球へ送られたのです。そこに、この間、聖アントニウス様がおっしゃったように、地球が「究極の二元論」の惑星と呼ばれるいわれがあります。彼は望んで地球に来たわけではありません。ひとつの惑星を動かしていたぐらいの男でありますから、そのような未開の星に行って一からやるということは、彼にとっては刑罰に等しいことであったと思います。エル・ランティが彼を預かることにより、彼の優れたところをもう一度引き出し、その土地で貢献することによって神の子として出直す、その可能性にエル・ランティはかけられ、お引き受けになり、そして、評議会もエル・ランティに彼を委託したというのが実状です。

この地球に来てからのち、彼が暴(あば)れ出したときに、聖書の中で、わたくしが最後、地獄の中にルシを封印せしめた、という記述があると思います。それは、オリオン大戦のときもそうだったのです。わたくしはわたくしの星においても、将軍のような立場にございまして、彼の強いエネルギー波との戦いになったとき、サタンとなったルシと一騎打ちをしたのです。そのときに、我々の所属する宇宙の指導霊の、高次元のところから、ルシのエネルギーを封印するという「エクスカリバー」という剣を授かったのです。それは宇宙の正義を守るために、代々渡されてくるものであります。わたくしのところに来る前には、さまざまな惑星の力ある方のもとを回ってきました。オリオンのマイトレーヤー様のもとにあったこともあるのです。そして最後、わたくしのところに来て、わたくしはその剣とそのエネルギーを使って、ルシが放つ巨大なエネルギー波を封印し、彼を抑えることができたという、そのときもそのような戦い方をしていたのです。

ですから、ルシを伴って地球に来るとき、エル・ランティはルシの後見人のような存在で、引き受けた責任がある方でした。そして、わたくしはルシのエネルギーを封印する力を持った者として、地球に同行して来た、というのが実状であります。

3　地球の使命と新たな挑戦

地球に来る前に、彼の魂をわたくしたちになじませるために、一度、我々はベーエルダで家族として生まれたことがあります。家族の絆、愛というものを通してルシを矯正し、神の子として立ち直らせようという、エル・ランティの思いがありました。我々の世界では転生が必要なときに肉体を持ち転生します。本来兄弟、家族というものは魂においては、それほど必要ではないけれども、でもやはり、血の持つ温もり、家族愛の温かさ、それにルシはとても飢えていた男であったのです。そこで、父エル・ランティのもとに、わたくしとルシは双子の兄弟として転生して、そこで家族としての絆をつくり、その上で地球へとやって来たということがあります。

ルシという男は力と魅力を持ちつつ、我々のあの霊域において恐れられ、あこがれられ、かつ忌み嫌われた男でもありました。そんな中にあって、この間、聖アントニウス様がおっしゃられていたように、究極の二元論の中において修行するとはどういうことかを学ぶ、そのようなことをテーマとする地球という惑星が、彼を引き受けてくださったのです。地球神霊、そして、エル・カンターレ、すでに地球に指導に来ておられたアモール、モーリャ、その方がたの勇気ある決断の中で、地球の使命と重なるということで、あえて引き受けてくださったのです。その御礼とでも申しましょうか、我々はベーエルダから、肉体を持った者たちを大挙して連れて、新たな挑戦ということで、移り住んできたという背景があるのです。

そして、その恩を地球に返すために、我々ベーエルダの者たちは多大なる貢献を地球にしてきたと思います。ルシとその勢力下にあった者たち、言ってみれば重大な戦争犯罪人のような者たちでありますが、その者たちも数名、やはり連れて来ておりました。その者たちも「ともに新天地で、新たな神の子としての修行を始める中において、もう一度神の子として出直そう」というエル・ランティの強い語りかけの中で、「もう一度生まれ変わったつもりで頑張る」と、我々に涙を浮かべ、約束してくれた、そのような過去があったのです。

神というのは、常に無限に赦(ゆる)し、今でもそう思われていらっしゃいますが、ルシとその仲間たちがもう一度素晴らしい、多くの人びとに愛される神の子の姿に立ち戻れるように、忍耐と無限の愛をもって待たれていらっしゃるのが、神の姿でもあります。わたくしたちもそれを信じ、ルシとその仲間たちを地球に伴って来ました。ただ、地球という新天地を、彼らがもし凶暴性に目覚めたときの危険性からは、何が何でも護(まも)らなくてはならないと思い、わたくしは地球を戦闘系の代表として護るために、今までの役割を精一杯果たしてきたつもりでございました。

最初はよかったのです。彼は本来の優れた力で精一杯、地球の環境を整え、そして、人類をつくっていく過程においても、卓越したその知性と、ものをつくり上げていくという力を発揮して、多くの貢献をなしました。ルシは本来やさしいところもあったので、大天使という役割の中で、エル・ランティは彼の良きところを一生懸命引き出し、彼を励まし、いつも見守って、ほかの誰よりも愛を注がれたのです。そして、ルシを成長させよう、素晴らしいところを伸ばして、もう一度あの素晴らしいルシの昔の状態にもっていこうとされました。なるべく凶暴なところを目覚めさせないように、エル・ランティは精一杯彼を愛し、そばに置いて、育ててこられたのです。

4 心の奥深くに眠るものに身を委ねた結果

しかし、時が流れ、低位霊界というのが地球の中に発生してきました。先ほどのご質問ですが、地獄の者たちにそそのかされたから、ルシが堕ちたわけではないということは、もうおわかりでしょう。その逆です。最後に移住してきた方がたのもとに、地球にも低位霊界がよどみのようにできたとき、その悪の臭い(にお)とでも申しましょうか、その臭いにルシの中に眠っていたものが、ムラムラと目覚めてきてしまったのです。たとえば、麻薬をやめて更生(こうせい)した者が、その白い粉を見て昔のその思いがフラッシュバックしてきて、その誘惑に負けそうになる。そうたとえるならおわかりいただけるのではないかと思うのですが、やはり一度そのような味をしめた者は、どうしても誘惑に負けそうになるのです。最初の頃は、まだ少しばかりのよどみのようなエネルギーでしたが、やがて、究極の自己本位、自分さえよければいいというような、悪想念の層を低位霊界の者たちがつくり出したときに、彼自身の目つきが急にどう猛なものに変わっていったように、今振り返るとわたくしは思うのです。

彼にわたくしは再三注意をしました。「絶対に負けてはいけない」と。「あなたは誇り高い光の天使、大天使ルシフェルではないか」と。そのように励ましたのです。そして、彼も「わかった」と言っていたのですが。

地球に来て、彼がサタンになる前に転生したのは二回あります。しかし、それはそんなに悪い転生ではありませんでした。まだそれほど社会が複雑化してなかった頃の、村のような地域社会の中において、指導者として貢献し、天上界に還って来たということがありました。

しかし、彼はどうしてもそういう臭いに引き込まれてしまったのです。サタンが生まれた最後のときには、彼は中東に生まれたのですが、かなり多くの人びとが住んでいて、国と国とが争っているような状況がございました。彼は本来そこに、指導者としてその戦いを収めるために生まれていったのです。しかし彼は、しばらく戦争という臭いから離れていたのに、あのオリオン大戦のときのように、またエゴとエゴのぶつかり合いの中で、特に人や国を支配したいという思い、やはり、そのような思いが刺激され、彼は変わってしまったのです。

多くの人びとのために無私になり、自分の身を投げ出して貢献しようというのが光の天使の思いです。そうではなくて、自分の優秀さを、神に、周りの人たちに認めさせ、そして、自分のエネルギーを出して優秀性を誇示することにより、ほかの国々や人びとを支配し、自分の傘下に置こうとしたのです。それは、彼が憑依されたからとか、誰かにそそのかされたということではないのです。彼の中に眠っていたものが目を覚ましたのです。麻薬患者でいうならば、もう一度麻薬中毒者に戻ってしまった、受け入れてしまったということです。自分の心の奥深くに眠るものに身を委ねてしまった。そして、そのときは彼自身の中にあるパーニャパラミタが出てきたということです。それにより、本来彼が封印していた力、そういう悪知恵のようなものを使って戦っていくようになったのです。

5 過信の思いに目覚めてしまった

この間から盛んにあなた方が、黒魔術・白魔術ということを学ばされていると思いますが、ルシの使うエネルギーというのは、一種の黒魔術のエネルギーでもあります。ひとつの物質化現象、それを神のために、神の手足となって動くために使う。それならば白魔術という、神の力の現れとなります。しかし、あくまでも自らの知、自らの力、そういうものにうぬぼれて、酔いしれて、自らが神にも負けない存在であると、誇示していこうとする。そのようなものに身を委ね、自分の巨大なエネルギーを集中し使ったとき、それは黒魔術者たちが使う破壊のエネルギーとして、周りに影響を及ぼすのです。まさにサタンはそういう男でありました。

本来の眠っていた知性とパーニャパラミタを駆使し、そのときに地球の表面に出ていた、今で言う石油というもの、その科学的な特性を見抜き、どのように戦術の中で最大限に活かし、ほかの国々に神のごとき力を持つ者であると自分を演出し、力として使っていくことができるか。それを考えて実行していったのです。あなた方の世界で「イリュージョン」という、トリックを使うマジックショーがあるでしょう。それにも必ず種があるではないですか。種明かしをすれば、実際、種はあるのです。でもそれを、みんなが見破れない。見破るにはマジシャンたちと同じだけの知性と、綿密な思考がいるわけです。彼らはひじょうに素晴らしい綿密なトリックを考えて、それをまた実行する力を持っている。それがある意味で、魔術師たちには共通した力です。そんなずば抜けた力をルシは持っていたのです。

石油が上がったら、当時の人びとは黒い泥の水だと思います。そのぐらいの知性しかなかったのです。そんな者たちの中で、それが燃えること、そして、火をどのように扱えば効果的かを彼は知っていた。石油を仕掛けたところに敵を誘導し、火を放つ。サタンが術をかけたら、何もないところから一気に火がわいて出て、敵は焼け死んでしまったと、そのように演出することにより、近隣の国々においても、国内においても、「神のごとく火を操る男」と言われ、そのような中で人びとを畏怖させ、支配下に入れていったのです。

常に彼はそのようなやり方をしていきました。そして、彼は自分の力に目覚めてしまいました。それまでは、よどんでいたといっても地球の地獄界は、大した負のエネルギーではなかったのです。そして、さんざん悪事の限りを尽くしたサタンは、地上での生を終えると、当然のような顔をして天上界に還って来ようとしました。

サタンが来たときに、天上界に入れることを許さなかったのはこのわたくしでありました。なぜならば、サタンとして目覚めてしまったルシをもう天上界に入れるわけにはいかなかったのです。わたくしには、次に彼が考えていることがわかりました。天上界に来て反省するかといったら、絶対反省はしないのです。天上界にいる多くの者たちより、自分のほうが優秀であり、力を持っているという、もうそのような過信の思いに目覚めてしまったのです。

実際、天地を貫くようなエネルギーを、彼は持っておりましたから、平気で天上界にもエネルギー体として上がって来て、エネルギー的に弱かった者たちを次々となぎ倒していったのです。我々の世界は、エネルギーの世界であるということです。だから、マイナスのエネルギーであっても集中し、強力なエネルギーを持っていれば、天上界へも上がって来ることができたのです。

6 愛に飢えた男

そしてその秩序を乱し、九次元までも昇って行って、エル・ランティを支配下に置こうと――。いや、彼が求めていることは、本来はエル・ランティに自分を認めてほしいという思いでしかないのです。彼の感覚では「神のごとく」というのは、九次元のことなのです。「神のごとくなりたい、神のごとくなりたい」と、彼はいつも言うけれど、それは「九次元になりたい、九次元の中においても、最高水準のところにいるエル・ランティのごとくなりたい。そして、誰よりもエル・ランティに愛され認められたい」それが彼の気持ちであります。

それをこの方（アマーリエ）と、今日の昼、話していたのです。この方は、「まるで反抗期の男の子みたい」という言い方をしましたが、ほんとうにルシはそのような男でありました。彼は先ほど申し上げたように、ひじょうに愛に飢えた男なのです。愛の温もりが欲しい。だから、自分の優秀さに酔えば酔うほど、「それを認めてほしい、自分を受け入れてほしい、愛してほしい」という、常にそういう焼けつくような飢餓感を持つ男であります。そのことを、わたくしとエル・ランティは誰よりも知っているから、彼をもう一度再生させ、立ち直らせるために、いつも来ているのですが。

彼が地球霊界において、マイナスのダメージを与え、地球というところに地獄界を拡大させていった。そのために、地球がステップアップできない。毎度毎度、アトランティスにおいても、レムリアにおいても、ムーにおいても、ゴンドワナにおいても、常にステップアップが遅れてしまう。「他の惑星においては、地獄界というのがあってもこれほど拡大しないのに、地球の霊界には、こんなに巨大な地獄界ができてしまった」と、他の惑星の者には、地球が劣った星のように言われますが、それは違うのです。ほかの星にはルシがいないのです。彼は「宇宙の嫌われ者」と言われ、受け入れられず、まるで流刑地のようにこの地球に流されて来ました。そして、彼の脇にはわたくしがいて、エル・ランティがいる。そのことによって、反省と罰を受けているのが、現在の彼の状況なのです。

本来ならひとつの惑星を支配し、動かしていたような男でありますから、地獄界の片隅に、わたくしに封印されて動けないなどというのは、彼にとってみれば、ひじょうに不本意な状態であると思うのです。「本来の自分はそんなものではない」と。けれども、彼の力は、「エクスカリバー」という剣によって封印され、彼は本来の力を出せないいま、その大きな大きな赤銅色(しゃくどう)の巨体を動かすこともできず、地獄の底に封印され、つながれているのです。だから、地獄界から出て来たいと思っても、思いで、人を、部下を操ることしかできない。自らはわたくしにより封印され、地獄界の底から動けないでいるということなのです。

7 正義の剣と地球の使命

わたくしは、エル・ランティもそうですが、地球にあの男を連れてきたという全責任において、彼を天上界に還すことを許さず、力の限り地獄に封印したのです。封印ができたのはわたくしだけだと、聖書に書いてあるかもしれない。それは、宇宙の正義と平和を維持するという、「エクスカリバー」という封印の剣を、わたくしが授かっているからなのです。その剣を使うことにより、本来もっともっと巨大な力を持つルシを封印し、地球の地獄界の片隅に押し込めておくことができるのです。そして、この封印された苦しさの中で、「ルシよ、もう一度気高い神の子としてのそなたの神性を思い起こせ」と、わたくしは繰り返し繰り返し、彼に語りかけることによって、反省の時を、立ち直る機会を待っているのです。エル・ランティも同じ思いなのです。

そのような歴史があります。だから、その聖書の中に書かれていることは、表象的な部分においては真実であります。しかし、はるかそれ以前からの因果関係があって、このようなことになっているということ。それをわたくしは、地球に来て初めてあなた方人類の前で明かします。これは言ってはならない掟の中に入っていたことです。しかし、何ゆえに今ここに来て話す気になったかと申しますと、当然エル・ランティの許可を得てのことでございますが、この間、聖アントニウス様により「地球の使命」ということが明かされたからなのです。

そこにおいて、「地球がこのようなリスクを負ってでも、究極の二元論というものの中において、多くの者たちを受け入れるという、無限の赦しと受容性というものを、それが混乱を招くということを理解しながらも、それでも恐れずに挑戦し、受け入れて、そして、最後は必ずや神の義が勝つのだということを文明の中で証明してみせるのだ」と、地球のプリンスはそういうふうにおっしゃられ、その使命を引き受けてくださった。気高き性格の地球であったということです。それを、聖アントニウス様のほうから明かされたということをもって、わたくしが何ゆえに、あの重大犯罪人のようなルシを伴って、この地球という惑星に来たかという、そのルーツをお話しするときがきたのかなと思ったのです。そして、そのことをあなた方の書物の中に残していただくことをもって、ひとつの今回の文明実験のクライマックスと申しますか、その意義というもの、我々の思いというものを、伝えたいということなのです。

8　大いなる挑戦と赦しの中で

わたくしは「いつも思いつめたような顔をしている」と言われますが、それはわたくしがこの美しき地球の中で、新たに出直していこうとみんなでやっているときに、悪の種と言われているような男を伴って来ることにより、この地球の霊界においても環境においても、多くの負担をかけてきたということ。その全責任をわたくしは感じているのです。そして「申し訳ない」と、「なんとか地球を護って、地球人類に対して償いをし、これ以上迷惑をかけないように」と思っているのです。でも、だからといってルシを消滅させるわけにもいかないし、「早くわかってほしい」という板ばさみの中で精一杯、わたくしは自分の使命を果たすしかなかったという、そういう思いがあります。

本来ならば、とっくにシフトアップできる状態でありながら、地球人類にこのような遠回りをさせてしまった、その責任は感じているのです。でも、恒星意識の聖アントニウス様は、そのルシでさえ受け入れ、無限の赦しの中で、彼の素晴らしさを認め、そして、「彼の持つものが反面教師として、究極の二元論を学ぶ中において、多くの者たちの学びとなるであろう」と、「魂の足腰を鍛(きた)えることになるであろう」と、「だから、彼には彼の役割があるであろう」と、「それに負けるようなものであっては神の子はいけないのである」と。「そのような誘惑がある地球であるよ」と。「でも、その中で多くの学びがあるよ。そこで修行したいと思う者たちよ、いろいろな惑星から挑戦してみたいのならば、この地球にいらっしゃい」と。この地球の指導者であるエル・ランティ、アモール、モーリャたちは、そのような聖アントニウス様の命と地球意識の思いを受けて、地球の指導というものをされ、今日まで、地球としてほかの惑星の方がたを受け入れるという方針を打ち出してこられたのです。

だから、地球にはこんなにもいろいろな惑星から移住して来る方がたが多いのです。ほかのさまざまな惑星においては、ルシのような男はいないから、早くステップアップし、自分たちの中では完結された光の世界をつくっている。しかし、実は魂として、神の子としての足腰が弱いのではないかと、そのように思い、そして混沌として見えるかもしれないけれども、さまざまな挑戦と試しがある地球に行って挑戦したいと、もう一度学んでみたいと、そう思って、移住して来られる魂たちもいるということです。そういう意味においては、地球はひじょうに難関な実験場であるのです。

そういうことを踏まえた上で、地球というのはそれだけマイナス波動の強い――。ほんとうに地獄界がこれだけ増大するということは、この地球意識にとってはたいへんな負担になるということです。「ほんとうに死にかけているほどのダメージを受けている」ということを、わたくしは以前のメッセージ集においても再三訴えてきたと思います。申し訳ないことだと思っています。でも、それでもあえて地球のプリンスは「それを受け入れる」と、「耐えてみせよう」と、「だからそのこの精一杯耐えるこの環境の中で、地球人類たちよ、神の子たちよ、修行し学びとしてほしい」と、そのようにこの修行の場を提供してくださっている。その志がひじょうに尊いものであるということです。

9 地球への限りなき感謝とルシへの思い

そして、この地球という惑星において温かく受け入れられ、神の子として修行する機会を、ルシはもらっているのです。地獄の底につながれているように思うけれども、その中で居場所を許されています。反省をし、「また神の子として出直したら、いつでも迎え入れて抱きしめよう」と言って、エル・ランティはじめ九次元の方がたも、そして、わたくしたちも、みんなルシを待っている。そのような状況を提供していただけたということは、ほんとうに地球があってこそのことであります。そうでなかったら我々は、彼を連れて流れ歩かなくてはいけなかったのです。

神の愛というのはけっして消滅させることではないけれど、ベーエルダにおいてもオならば、オリオンにおいても、どこもあの男を受け入れたいと思う惑星はないでしょう。人類も住めないような場所に、人びととの愛と理解というものをまったく抜きにしたような無人の惑星につながれて、牢獄のごとく閉じ込められるか。しかし、彼は愛に飢えた男ですから、それではいつまでたっても気づくことはできないのです。やはり魂というのは、愛によって浄められ、愛によりもう一度神の子として戻っていく、そのような環境が必要であるということです。だから、無人の惑星の、冷たい荒涼としたところにルシをつないでおけば、ほかの惑星には迷惑はかからないとしても、それでは単なる永遠の流刑地にすぎません。

地球という場所で、多くの人びとがいて、迷惑をかけながらも、それでも九次元が十人もいて、多くの仲間たちに見守られながら、彼が気づいて上がって来るのを待っている、そのような環境を許されている。それはほんとうに地球の愛、地球による愛の理解があってこそ、受け入れていただけたということです。

そして、ルシとその仲間たちがいなくなったことにより、わたくしの住んでいた母星のベーエルダも、オリオンも、そのあたりの領域は全部、再び平和を取り戻したのです。宇宙連合というものをご存じでしょう。あのハロルドのような宇宙連合の者たちが「もう一度秩序と平和を維持するために、あのときのオリオン大戦であったことを二度と繰り返してはいけない」と言っている。でもそれにしても、やはりルシがいなくなったことによって、もう一度平和を取り戻せたということがあるのです。逆にいうと、厄介者払いができたということです。

その彼をこの地球に、愛を注ぎながら受け入れ、さらに、その負荷をあえて受け入れながら、地球意識は、ご自分の使命を果たされようとする。「その気高い自己犠牲的な、その愛の崇高さに、みな敬意を表している」と。「それがあなた方の住んでいる地球の美しさですよ」と。「そんな素晴らしい星にわたしたちは住んでいるのですよ」ということを、今回ぜひ伝えていただきたいと思うのです。

みんな厄介者払いでした。やはりルシがいると、乱されるということがあるのです。でも、「彼にいくら誘惑されても、それでも愛のもとに帰っていけるというぐらいの確信を持たなくては、神の子としてやはり一人前ではないのだ」と、「弱腰なのだ」と、エル・ランティはいつもおっしゃいます。「愛というのは無限の赦しであり、永遠にその者の善性、善なるところを信じて導き受け入れていくものである」と、エル・ランティはそのように思われている方です。それだけ宇宙連合の中においても、エル・ランティという方は信頼の厚い、愛の豊かな方であるということです。

そして、逆にいうと、エル・ランティがいつまでも九次元から抜け出ないのは、もちろん人間が好きだということ、人間と関わってやっていたいということもあります。でもたぶん、ルシが気になるのだと思います。彼を自分が引き受けて更生させなければ、やはり宇宙の平和というものの均衡（きんこう）が崩れるであろうと、そのような思いが根底にあるのだと思います。その責任を引き受けつつ、エル・ランティもまた、巨大な無限に近いような愛を表現されていらっしゃいます。惑星意識になるよりも九次元にいて、ずっとずっと大いなる愛を注ぎ、エル・ランティ自らの役割の中で、その責任を果たしていらっしゃるということなのです。そういう歴史があるということです。それが地球の使命とも大きく関わっているのです。

10　核戦争後に地球意識を破壊するという企て

でも、ルシは地獄の底に封印されているといっても、地獄界から近いこの地上界において、今、自分のエネルギーを最大限に発散し、地獄を拡大させています。あれだけの男ですから、システムをつくり、地上の者たちの悪想念をエネルギーとして取り入れ、そして、エゴに薄汚れた地上の人類に影響を与え、波長同通(はちょうどうつう)で入り込む。「無差別憑依」といっても、言っておきますが、絶対に波長同通で入って来るものです。そして、そのようなエネルギーを使いながらこの地上を混乱させ、地球意識を破壊しようとしている。あなた方は、「核戦争をして全部地球人類がいなくなったら、地獄にいる者たちは困るでしょう」と、疑問に思いませんか。なぜルシが、あれほどまで核戦争をやらせたがるのか。

なぜなら、彼の目的が、地球意識の破壊にあるからなのです。自分を閉じ込めているこの牢獄、この地球意識を、核戦争で破壊しようとしている。マルディックという惑星を知っているでしょう。あの惑星は粉々に砕けました。マルディックは、あのときオリオン大戦に参画していたのです。彼らは、サタンたちの側に立ったのです。だから、あれだけ巨大な反作用があったのです。そうでなかったら、惑星もろともこっぱみじんになるような、そのような負荷がかかるわけはないのです。それほどに大きな、邪悪な負荷をつくったのです。

その惑星の人びとの心に入り、地球を何回も殺せるほどの核戦争をさせる。それによって地球意識を弱らせ、地球という磁場を破壊する。物質的に破壊させることにより、自分の身動きを取れなくさせている、この霊域を爆破し、逃げようとしている。それゆえ、この地球人類に核戦争を起こさせ、地球を破壊させようとしている。それが彼の目的の根本です。

そうでなかったらおかしいでしょう。「地獄界は地上からエネルギーを引いているのに、なぜ地球人類を全部殺してしまうような戦争を、サタンはもくろむのだ」と、以前、質問があったと思います。そのときはまだ、今までの経緯を話していなかったので、答えることができなかったのです。彼は、彼を封印している、この地獄という牢獄を破壊することにより、そこから逃げようと思っているのです。

11 家庭内暴力の若者はルシの姿そのもの

昨日まで話してきましたけれども、「宇宙空間に入り、この物質的なものがあるから、ひとつの次元においてエネルギーというのが集中され、磁場というものを形成することができる」というのは、そういう理由があるのです。あなた方に徐々に理解していただきたいのです。そのために彼は、地獄の底からあらゆる策を弄して人びとの心に入り込み、この地球意識を破壊し、自らの魂を解放していこうとしています。

彼は「神のごとくなれる」と、「封印は破れる」と、「こんな惑星ぐらい自分の力でこっぱみじんにしてみせる」と、そのように思っている。「ミカエルやエル・ランティの監視下に置かれているから、自分はこのような情けないとらわれの身であるのだ」と、なんとかそこから飛び出そうとしているのです。しかし、ほんとうは、この惑星があるからこそ、彼は神の子として迎え入れられ、チャンスを与えられている。そのことに彼は、まだまだ気づけないでいるということです。

彼の論理は、常に力の論理です。「神といったって何もしないではないか」と、「法則と愛で包んでいるだけではないか」と。「わたしは、強力なエネルギーで神のごとく創造し、力を発揮することにより、多くの者たちを従わすことができる。支配することができる。多くの者たちを魅了することができる」と。そして彼は、少々のことならば、宇宙空間にさまざまなものをつくることができたので、「わたしは神のごとき、神にも負けない男である」と、そのように思っているのです。

それを認めてほしいのです。誰かに認めてほしいのです。誰に認めてほしいか。それは、我々はすべて、宇宙の父なる神の懐(ふところ)の中から、愛の中から生まれてきたのです。だから、わたくしたちが最後認めてほしい、ルシですらも認めてほしいと願っているのは、それは、最後は神に認めてほしいのです。「自分はこれだけ力を持っている。あなたがつくったわたしはこんなにも魅力的なのに、なぜわたしを封印するのか。なぜわたしの害から護ろうと、ほかの者たちを優先し、そして、わたしをこんな薄暗いところに閉じ込めるのだ」と。「あなたはわたしの魅力をわかっていないのだ」と。「認めてほしい。受け入れてほしい。愛してほしい」と、ルシはいつも神に向かって叫んでいます。愛情が欲しくて欲しくて、暴力を振るい続け、親を殴り続ける、引きこもりの青年たちが最近多いでしょう。あれはまさに、ルシの姿そのものなのです。愛を求めているのです。愛に飢えているのです。

だから、「愛しているよ」と、わたくしたちが一生懸命言っているのに、それでも自分の力を誇示することをやめず、「認めてほしいのだ」と言う。だから、「そちらの方向では認められないよ。あなたが本来することはこういうやり方ではないでしょう」ということを、一生懸命、根気強く話をしているのですが、彼はなかなか心を変えてくれず、強引に強引に、自分のその論法を押し通そうとする。そして、父なる神に、父親に甘えるように、認めてほしくて、暴力を振るい続ける。

家庭内暴力というもので、「今、家庭がまさに地獄である」と言われています。揚げ句の果てに、そういう息子に刺されたりして、殺されていく親たちが多くいます。あれはまさに、ルシが地下で操っているのです。甘ったれた根性で、自分の親に対して「心から愛してほしい。自分を愛しているのを認めてほしい」と言い続ける。けれども、うまくいかない。「ならば、殺してしまえ」と。それはまさにルシの願望そのもの。屈折した願望そのもの。今のそのような若者たちの心に波長同通で入り込み、彼の究極の自己実現のようにして操っているという状況があります。だから、操られている、家庭内暴力を振るっている者たちも、自分自身がわかっていないのです。

12 ルシを受け入れてやってほしい

考えてみれば、哀れな男だと思います。

でも、わたくしはどうしても彼を憎むことができない。彼を見捨てることができない。エル・ランティも、ミカエルと同じ思いであると思うのです。最後、もし、これ以上だめとなったら、わたくしがまたルシについて、ほかの場所に行きます。彼が理解し、わかってくれるまで、彼とともに生きていこうと思っています。そのために、あなた方は知っているだろうか、わたくしに「エクスカリバー」という正義の剣が神から与えられているということを。それは聖書の中で言われているけれども、そういう長い歴史があったということです。

わたくしがこの方（アマーリエ）と、いつも兄弟のように言い合うような、仲がいい歴史がありますが、それは、この方の父上が、オリオンの星において将軍の立場にある方であり、やはりオリオン大戦のときに、我々の援軍となって戦ってくださったのです。実は、そのときからこの方をよく存じ上げていたということがあるのです。そして、マヌ様、マイトレーヤー様を含め、オリオンの星の方がたに、「地球を再生するときに手伝っていただけないか」と、わたくしのほうからお願いをしたという経緯があるのです。

だから、この方が戦闘系に来るというのも、あながち偶然ではなく、「やはりあの父上の娘さんであるな」と、わたくしなどは思うのです。彼は、ひじょうに高潔な将軍であられまして、わたくしにとって、ほんとうに良き手本となる素晴らしい方であります。いかに進化した惑星であったとしても、どんなに愛に満ちた理解があったとしても、万が一の時に備え、多くの人びとを混乱に陥れたり、また再び大戦に持ち込んだりするようなことがないように、側面からその星の平和の維持を担当する。そのために、やはりあなた方のいう戦闘系という者の役割があるのだと思うのです。

言いたいことは語り尽きないのですが、今日はここまでにしておきます。また質問があれば、わたくしでよろしければ、次回も質問を受け付けたいと思います。

ルシという男を、どうか受け入れてやってほしいのです。ただ、受け入れるということは、けっして相手のトリックに引っかかり、相手の策略(さくりゃく)に負けることではない。愛というのは、ほんとうに強い強い精神力と、そんな惑わしを受けないだけの正義、そして、自分自身に底力(そこぢから)がなければ、真の愛の行為というのはできないのだということ。そのことを学んでいただきたいと思っております。

では今日は、これにて失礼させていただきます。

長時間ありがとうございました。

ルシフェルという男は、
オーム神霊の持つ力と同じ、
いやそれ以上のものが自らにもあると、
神に挑戦し、
神に自らの力を認めさせようとしました。
神のごとくなり、
さらにオームを凌ぐような大きな存在になれると、
なれるはずであると、
一時は信奉者を集めて力の拡大をはかり、
多くの者たちを惑わせたのです。

第五章　地球ファミリーとして　テラ（地球意識の男性体）からのメッセージ　二〇〇八年二月十四日

わたくしは「テラ」と呼ばれている。
地球のことを、
あなた方は英語で「アース」と言うかもしれない。
しかし、「テロリス」「テラ」という響きは、
古来より、
わたくしという地球の男性性の部分を指す言葉である。

1　あなた方地球人は我が子である

地球に住む、いとしい我が子どもたちよ。ようこそ来られた。

あなた方の仲間が、過去幾度かわたくしのもとを訪れたことがある。しかし、わたくしのメッセージが、地上にいる者たちに届かなくなって久しい。わたくしの愛してやまない神の子たちよ。あなた方は今、この地球にありて、何を思い、何をするべきか。そして、己自身の神性に気づき、どのように表現して命を輝かすのか。そなたたちが自らの使命を、役割を見失ってから、幾久しいように思う。

わたくしはかのときより、この地球という肉体をまとい、多くの命を送り出し、命の源として、その神の子たちを育んできた。わたくしの命の中から、あなた方の命は生まれた。わたくしの命は、大いなる神の御胸(みむね)から生まれた。だから、あなた方も大いなる宇宙の、大いなる神の御胸から、我が地に生まれてきた神の子である。

生まれてきた命の流れは、それぞれの光を輝かし、神の愛のエネルギーを表現する場を求める。そして、愛に命を吹き込み、「生命」としてさまざまな宇宙空間にある場を使い、神の愛を表現していくのだ。あなた方がつくられしときより、自らが気高き神の子であると気づき、あなた方ができる命の響きでもって、この宇宙を彩らなければいけない。その手始めとして、我が身体である地球というこの場所に命を受け取るのだ。

魂においては、ほかの星で命を受けたとて、この地上で修行をする身体の命のエネルギーは、わたくしの身体のエネルギーの一部である。だから、あなた方地球人は、我が身を分かち合った我が子である。いとしい子どもたちであると、見守っている。

そなたたちにも親はおろう。子がおる者もおろう。もし親ならば、今の地球の状態を見て、どのように感じるか。わかるだろうか。わたくしは、そなたたちが知っているように、この物質界におけるあらゆる素材・マテリアルを提供し、そこに命を吹き込み、一切の命を育み、そなたたちが己自身の魂の尊さに気づき、神の愛を表現するのを待ちわびてきた。

2　地球という惑星単位における原因結果の法則

　宇宙には大法則がある。善きにせよ、悪しきにせよ、自分でなしたことは必ず本人に戻ってくるのだ。それは、個人個人から、星の単位にいたり、さらに大宇宙のオームの身体の中においても、すべてその法則は貫かれている。そなたたちの人生においても、さまざまな病や不幸な出来事があったとしても、それは自分自身の想念が生み出したり、己自身の学びのために起こるようになっている。でも、それは必ずや、自分自身の中にある歪みを修正し、己自身が発したマイナスのものに気づくためであり、その反作用を自分自らが受け止めているのだ。それが個人の人生だけでなく、文明と呼ばれるものを形づくるエネルギーの流れとしてもあるであろう。

　その惑星の人びとの想念が蓄積されると、今度は地球人として、地球という惑星単位でやってきたことに対して償うべきときがくる。素晴らしいことを積み重ねてきたのならば、素晴らしい結果がその惑星に起こる。そして、大きく逸脱した道を歩んだ神の子が多いのならば、その反作用というものが、惑星単位で襲ってくる。そのようなことが起こる。そしてそれは、太陽系の周期、銀河系の周期、そして最後は大宇宙オームのお身体の周期の中で、必ずやそのやったことに対する結果というものが、起こるべきときというのが決まっている。

そなたたちはアセンションとかいろいろ言っているが、個々人が数年から十年という周期の中で決算を行い、結果を突きつけられるときがあるのと同じように、大きく考えたならば、地球としての周期の決算を、結果を出すべきときがあるということ。それが、今そなたたちが言っている、地上浄化のときのタイミングになっているのである。

アトランティスのときにおいても、レムリアのときにおいても、ムーのときにおいても、ほかにも数々の文明があったが、最後に必ず天変地異や、大陸が沈むことをもって、その時代の隆盛を誇っていた人びとが、こつ然と文明の頂点から消えうせたであろう。それは、決算を果たさなければいけない地球の周期のときに、彼らがその結果を自ら受け、償うために、そのようなことが起きてしまったということである。

そのときが再びまたこようとしている。その周期が、水瓶座を迎えるこの時期にこようとしている。それまでに、神の子としてしっかりと、愛に満ちた思いで文明を築いていたのならば、このようなターニングポイントといわれるときは、少しも恐れることはないであろう。そうであろう。胸を張ってその時期を迎えればよいのである。

しかし、人類は、ターニングポイントとして結果を出すべきときに、またも神の子としての認識に気づき得なかった。大宇宙の波動と沿わすことができるほどに精妙な波動に満ちた、高い愛の文明を築くことができなかった。そういう反省をもって、この決算期を迎えなくてはいけない。また、そのようなときがきてしまったということである。

3 地球意識としてのテラとガイア

今、地球に、地球を考えようという運動が起きているのを感じる。それはとてもうれしく、わたくしとしてはとても喜ばしいことであると思っている。神の自然波動は、大自然を素材とし、その中に生命の息吹(いぶき)を宿らすことにより、三次元の中に神の思いを表現している。この地球という惑星の身体の、そこここにちりばめながら、大自然のいたるところに神の思いを表現するのが、わたくしたち地球意識の使命でもある。

今、「わたくしたち」と申し上げたのは、わたくしは地球意識の中における男性性の部分である。聞いたことがあるであろう。九次元が終わり、惑星意識となるとき、自分のパートナーとともに惑星の中に入り、そこで陰陽のエネルギーでもって、惑星をつくっていくということを。その中において、わたくしのパートナー「ガイア」が担当していることは、そこに命を吹き込むということ。命の流れを育むということ。それを仕事にしている。

わたくしは男性性として、ひとつの強い意思のもとに、空中に分解しないように、宇宙空間の中に地球というものをつくる。その強い磁場の中において、ひとつのコミュニティとしての共通目的を持った修行場をつくらんとする意思で、この惑星の基盤をつくってきた。空をつくり、大自然におけるさまざまな動きをつくってきた。地球自身の公転、自転を通して、天候を司(つかさど)ってきた。この惑星の中の、酸素、重力、温度が、どのような状況であれば、生命が育ち、修行できるか。どのくらい太陽から光の恵みをいただき、愛のエネルギーをいただくか。太陽からどの程度離れていたらば、寒暖の差の中で、生命がちょうどよく育つか。そういう環境的なものすべてを司るのは、男性性であるわたくしの役である。

わたくしは「テラ」と呼ばれている。地球のことを、あなた方は英語で「アース」と言うかもしれない。しかし、「テロリス」「テラ」という響きは、古来より、わたくしという地球の男性性の部分を指す言葉である。

「ガイア」というのは、水に象徴される女性性の部分を指す。この間、セレニティから女性性を学んだときに、「女性性は水のようなものである」ということを聞いているであろう。ガイアは、わたくしがつくった入れ物の中で、水を通して命の息吹を生み出す役割をしている。肉体や細胞というのは、外的につくるだけでなく、そこに命として息づく神の思いを吹き込み、内側から生命力を生み出す。それが彼女の使命でもある。

わたくしたちは、常に共同作業をしながら、命を育んできた。わたくしはこの地球の中にある素材・マテリアルで、できるだけのものをつくってきた。そして、地球の霊界にいる者たちと、地上にいる者たちとの共同作業により、他惑星から来た者のDNAを基本形として使い、今日にいたるまで、地球人類、そしてあらゆる動物たち、植物たち、鉱物、すべてをともに創造してきた。たとえ原初型のものが他惑星から入ったとしても、その後の子孫は、この地球意識の身体である地球のマテリアルを使って育まれてきた。その中で、そなたたちは生まれてきたのではないだろうか。惑星単位において、そのような試みがある。

ただ地球では、「地球オリジナルの人類というもの、そして、地球ならではの表現形としての動植物、環境というものを表現せよ」というのが、神であるオーム神霊の御意思である。だから、どの惑星も、それぞれの星が違った個性で、自分たちの世界や彩りを表現しているのだ。それを選択する自由意志も、もちろん我々には許されている。

4 みな地球家族の一員だということ

今の地球人たちが、海を汚し、川を汚し、大気を汚し、食べ物の中に毒物を入れることで、わたくしの身体である地球を傷め、ガイアの命である水の流れまで汚している。そこにおいて、「できることはないか、地球を救え」と、「地球という環境を汚してはならない」と、立ち上がってくれている者たちが出てきたことに、わたくしはとても感謝し、喜ばしいと思っている。

しかし、地球温暖化が叫ばれ、地球の水の汚染が指摘されているが、それさえ、CO_2の問題が解決されればいいという認識に留まっているように思われる。わたくしはそれを、つくづく残念に思う。そのような状況をつくったのは何が原因なのか、そなたたちは考えたことがあるだろうか。

先ほどから言っているように、そなたたちの肉体も、ともに生きる動物、植物、すべての命が、地球というこのわたくしたちのつくった環境で、愛の流れの中で、育まれてきている。皆がつながっていて、ともに生きようとしている惑星、地球の家族である。その自覚がないから、自国だけがいい思いをし、工業を発展させ、儲けたならば、海や川や山を壊し、汚してもかまわない、さらにいくらでも捨ててもいいのだと思う。その愛の欠如、その認識の足りなさが、CO_2を生み、温暖化をつくり、地上の水を汚し、命の根源を汚すという現実を起こしている。

それによってわたくしもガイアも苦しいが、いちばん苦しいのはわたくしたちよりも、あなた方人類であろう。違うか。食べ物や飲む水の中には毒が入り、空気を吸えば窒息しそうな汚い空気を生み出し、温暖化で大陸が、家が、大地が失われていく。北極にいた生き物たちも、南極にいた生き物たちも住めなくなっているのは、誰がどうしたためなのか。わたくしの育んできた、この惑星の家族の一員であるという自覚がないから、愛なき思いで勝手なことをし、自分で自分の首を絞めていちばん苦しんでいるのが、今の人類なのではないのだろうか。

わたくしも確かに苦しいが、それよりも、親は我が身がどんなに傷つこうと、そこで苦しんでいる子どもたちの姿を見るほうが、もっとつらいということを、あなた方は知っているだろうか。

表面的なことを言って、CO_2を出さず、温暖化を避ければ、それでいいのだろうか。わたくしはそうではないと思う。神の子として、神の星に住んでいる家族として、大宇宙の一員として、感謝と愛のエネルギーとして、分かち合い、支え合い、感謝し合い、ともに生かし合うという、愛の思いに立ち戻れない限り、今のようなことは起き続ける。そのたびに自分自身がいちばん傷つき、何度でも滅びていかなくてはいけないのだ。

その苦しさを甘受(かんじゅ)してしまうのは、学びといえば、確かに魂の学びではあるけれど、わたくしはあなた方が傷つき、苦しみの中で、恐怖の中で滅びていく姿を見るのは、もう内心うんざりなのだ。そのような姿を親に何度も見せないでほしい。我が子が滅びていく姿、苦しんで死んでいく姿を、何度わたくしたちは見ればよいのか。

5 地球家族の一員として自覚すべきこと

表面的なことに留まってはいけない。本質的なことを学びなさい。今回、自分たちがどういうルーツで命を持ち、今地球という場所を与えられたのか。そなたたち地球人は、わたくしの肉体である地球という惑星を、皆で譲り受け、ガイアの命を皆が息吹として与えられ、この地球という星の空間の中で、成長し、学んできた。長い長い歴史の中でともに育まれてきた、運命共同体としての家族であり、仲間である。であるならば、そなたたちは、地球人として何をなさねばいけないと思うか。

温度が何度か上がったから、大陸が沈んだからと、そんなことだけで終わっていてはいけない。それが人類愛であるように思ってはいけない。今住んでいるところが住めなくなるから困るというのは、それは人類の勝手というものではないだろうか。温暖化が止まったら、じゃあまたCO_2を出し、空気を汚すのか。それでは少しも学びがないということなのだ。

神の子として、どのように自分たちが創造されたのか。この星に生きる一員として、何を自覚して生きなくてはいけないのか。大宇宙の神より愛を分け与えられ、神性きらめく愛のエネルギーを放つ、気高き神の子であるという自覚があれば、自分たちだけがよかれと思い、汚いもので海や川の水を汚し、大気を汚し、鉛のような毒物を海や畑の中に混ぜることは、間違ってもしないであろう。違うか。根本を見据えなさい。表面的なことだけを言っても、根本的なことは何も解決されないのだ。空気が汚れ、水が毒され、畑に、大地の中に、すべての物の中に毒物を混ぜたのは、あなた方人類であろう。もし地球であるわたくし自身が身震(みぶる)いし、その毒物を、その不調和な波動を、浄化してしまったならば、天変地異とともにまた大陸が海の中に沈んでいく。そのときいちばん困るのはそなたたちであろう。

そなたたちが毒物であると思うもののすべてが、わたくし地球の身体の中に含まれて、古代より生成されてきている。鉛でも何でも、それはひとつの役割の中において使われるならば、素晴らしいものになる。

もし、あなた方が汚しているこの空気、水であったとしても、大地を震わせ、雨を降らせ、そなたたちから見たら長い時に思うかもしれないが、自然界の大浄化をすれば、地球はまた、もとの美しい環境に生まれ変わらせることができるであろう。

　でも、今、「もう少し待てば、地球人類の認識が、神の子としての愛の思いにたどり着けるから、今ひとたび、その大地を震わす浄化を待ってほしい」という願いを聞き届け、わたくしは自分の身体の表面にはびこる、膿(うみ)のような、病のような、不調和な波動に耐えているのである。

　すべての元素は、もう一度生成されれば、また新たなものの中に使われていく。そなたたちが毒物だと思っているものでさえ、宇宙の中においては必要なものとして再生されていく。ただそれが、今の人類の身体にとっては、マイナスに作用してしまう。それだけのことなのだ。

6　自分勝手なエゴイズムは捨てなさい

地球温暖化により氷が解け、海面の高さが上がり、今そなたたちが住んでいる陸地が、水の下に沈んでいくということで、そなたたち人類が困ったと思っているのではないか。地球の歴史の中では、もっと大気が熱かったときや、海面の高さが高かったときもあるし、人類がもっと少ない場所にしか住めなかった時代もある。

だから、自分たちにとって不利益だから、地球のためになんとかしようというのは、逆であるということを、わたくしは言いたいのだ。そなたたちは聞いているかもしれないが、人類が現れるまでは大地が不安定で、亜硫酸ガスなどの、命が住めないようなさまざまなガスが、大地から湧き出ていたときもある。その時期もまた地球においては大切なときであった。それらの成分も、地球をつくる大事な原料となり、今日(こんにち)の地球を形づくっているのである。

何ゆえに、あなた方人類にとって、生命の危機になるような状況を生み出す環境に、自分たちがしてしまったのか。そこがいちばん大事だということに気づいてほしいのだ。それには、自分勝手なエゴイズムを捨てなさいということ。運命共同体であり、家族である地球人として、自分の愛を表現できる場を与えられたということ、命の花を咲かすことができる肉体を与えられたということに感謝し、ともに助け合うならば、自滅するような、地獄のような、こんな環境はつくらないであろう。

それは最初から言っているように、宇宙の中での「原因結果の法則」から、自分たち自身が招いた結果であるということを、わたくしはあなた方に言いたいのである。わたくしがつくったのではないよ。わたくしは一切(いっさい)のものをあなた方に与えてきた。あなた方が住みやすいように一生懸命、地球の公転周期や地軸の角度を決めてきた。そして、宇宙神霊や地球神霊、あなた方でいう天上界の指導霊だね、彼らと相談しながら、最も良い肉体と環境を、今日までつくり、あなた方に与えてきたよ。

大自然の大調和を崩し、悪環境の中で自ら肉体を病(や)み、さまざまな病をつくっているのは誰か。神より与えられし、本来ならば万全な肉体と、魂の健全さを失いつつあり、肉体と魂の病気に苦しむ状況をつくっているのは誰なのか。それは、かわいい神の子たちよ、我が子どもたちよ、そなたたちではないのか。そなたたち自らが招いた結果ではないのか。

7 地球の使命

たまには地球儀を持ち出し、見てごらん。あなたたちが住んでいる地球は、丸い球体だよ。この宇宙の中では、惑星はみな球体をしているであろう。それは、表面張力の中で完結した世界をつくるという構想のもとに、ひとつの完成された世界を表す姿なのだ。この球という形の中に、すべての命と、すべての可能性と、神から与えられた命の息吹のすべてを込めて、わたくしたち惑星意識は星をつくり出す。この地球という惑星も、そのような新たな希望を持って、私たちがこの環境をつくったのだ。

先ほど、この者（アマーリエ）に上空から見せていたように、こんなにも命が活気づき、このように多様な魂が宿ることができる惑星は、ほかの天体宇宙を探してもあまりないと思う。それは、この地球の使命の中に、多様性を受け入れるということがあるのだ。相反するものであっても、大調和を目的として受け入れる。そして、自らがほかの異なるものに触れることによって、己自身の個性や使命に気づくようになる。地球は、神の世界の多様性を表現するという、宇宙のサンプルのような星としての使命を預かっているのだ。

だから、無秩序にあるのではなく、それぞれの惑星の者たちが抱えている個性、特性、それらがまるで博物館のように、少しずつこの地球というところに受け継がれ、残されている場所であるというのも事実なのだよ。だからこそ、逆にまとまりが悪い。まとまりは悪いが、異なるもの同士で互いに刺激し合い、多様な文化が発達する中での命のきらめき、活性化が、この地球のエネルギーともなってきた。

地球自体があえて歩んできた挑戦の日々には、さまざまな失敗もあった。多様なものを受け入れ、統合し、そして、神の世界の多様さに自ら身を委ね、表現していく。そのように自由に表現できる、地球という惑星をつくることができていることを、わたくしはたいへん誇りに思っている。

そのような多様な試みのあった地球なのだから、あなた方もどうか、一人ひとりの自由意志を尊重しながらも、宇宙のすべてはともに神の意識の一部であり、運命共同体としての一体感のもとに、神の愛の思いを表現している存在が、我々神の子であるということに気づいてほしいのである。

8 地球の愛のバイブレーションと一体化する

それゆえ、孤独な者など本来はいない。すべてが一体である。そして、わたくしたちが運命共同体であり、仲間であり、家族であって、地球人類がみな手を取り合い、心の中で互いに愛し合い、信頼し、相手の幸せを自らの幸福として願えるような状況になったのならば、今生み出しているような、自然環境を破壊していくような、身勝手な結果は絶対に起きないであろう。そうしたら、人類を苦しめる天変地異と呼ばれているようなことも起きないのだ。

なぜあなた方がいちばん恐れている天変地異というものが起きるか。それは、あなた方の誤った思いの波動の集積が、原因結果の論理で反作用を生み出し、それが限度を超えると、大陸などが分断し、まるで病原菌が白血球によって滅ぼされていくように、あなた方の細胞というものが、もう地球上に存続することを許されなくて、海のもくずとなって消えていってしまうのだ。

「自分たちでは防ぐことができないから、天変地異はいちばん恐ろしい」と、よく言われるかもしれないが、それは宇宙の法則のままに、あなた方が自ら引き寄せてしまっている結果なのだ。そのことにもっと気づいてほしいと思う。そうしたら、人命を奪うような地球規模での反作用というものは、もう起きないであろう。あなた方が愛の自覚のもとに、この地球人類がみな家族であるという愛の思いで、心と心の手をつなぐことができたならば、今まであなた方を苦しめてきた天変地異はなくなるのだ。

わたくしも神の心と同通し、あなた方も大宇宙の心である愛の心に同通し、皆が大調和して一体となることにより、地球が愛の星として輝くことができる。わたくしが大宇宙の神からの愛の波動というもので、大自然の環境をつくってきても、そこに住まうあなた方が、その愛の波長に合わぬ振る舞いと、思いを出しているならば、地球として愛のバイブレーションで一体化し、地球自身が成長する次の段階に行くことはできないのである。わたくしの中にある地球が本来持っている愛のバイブレーションと、地表に住まうあなた方のバイブレーションが大きくずれたとき、あなた方はこの地上に住まうことができなくなるのである。

どうか我が子たちよ、自分たちの神の子としての役割に目覚めてほしい。あなた方が地球人であることを誇りに思い、愛の思いで生き続け、次の段階において、この地球が愛の星として、神の愛のエネルギーと一体化して生きることができ、皆で手を取り合い、地球独自の文化を発信することができたならば、どれだけわたくしはうれしいことであろう。そうすることで、あなた方、この地球に住まう者たちの次なる成長を生み出し、本来の神の子としての、愛の表現段階にいたることができるのである。そのことをあなた方にお伝えしたい。

もうインターネットを使って、地球をネットワークで包むことができる時代がきていると思うので、地球規模で仲間たちと手を取り合うことは、あなた方にとってそう難しくないと思う。さまざまな情報や知識がもたらされているであろう。ただ、それらに振り回されることよりも、あなた方は神の子として、どのような自覚のもとに生きるべきであろうか。愛とは分かち合いであり、無条件に捧げ尽くし合うべきものである。愛とはあらゆる命を育て育むやさしさ、おおらかさを秘めているものである。そこに自分勝手なエゴの思いがあったら、それは大宇宙の波動と、共振・共鳴することができずに、脱落しなくてはいけない。それが宇宙であり、神の絶対的な愛の思い、絶対的な光の世界である。

9 究極の二元論の中で学びなさい

ルシファーのことでも、彼の力がいかに偉大で、かつ困ったものであったとしても、それもオームの神の属性のひとつであるということから、ここに連れて来ることをわたくしが許可した。彼がいるがゆえに、我々は光の大切さを学ぶことができるのだと思う。だから、彼を通して愛を学ぶというおおらかさを、どうか見失わないでほしいと思う。ルシファーがどれだけ力を持っているか知らないが、大宇宙の愛の深さと圧倒的な光の量に比べたら、彼の持っている闇の量など、取るに足らないほんの些細(ささい)なものでしかない。

ルシファーがいなかったとしても、地上にいる人類は、自分たちが住んでいる惑星ひとつ調和できず、汚し放題に汚して、自ら苦しんでいるのではないだろうか。彼がつけ込めばもっと攪乱(かくらん)されるような弱さ、未熟さを持っているのが地球人である。であるならば、逆に、地球にいればこそ、ルシファーのトリックにより、あなた方の魂の足腰を鍛える機会があるのだと、そのように思われるがよいかと思う。それがつらくていやであるのならば、刺激はないけれど、穏やかな惑星がもっとほかにあるので、そちらに行かれればよい。

この地球は「究極の二元論」を学ぶ場所と呼ばれている。大宇宙の中でも、マイナスの闇のエネルギーの怖さに触れることができる惑星かもしれない。それゆえに、このように地獄界が拡大し、神の光を遮(さえぎ)った空間をつくっている。でも、闇の深さによって、愛なき者たちの苦しさ、光の大切さ、愛の気高さ、愛の必要性、自らが愛であることを、あなた方は魂の学びとすることができるのではないだろうか。

先ほどから言っているように、知的に勝るもの、芸術的感性に勝るもの、運動機能、そして、念や法力などに強い者たちというように、さまざまな惑星からの移住者を、受け入れてきた。それによって、地球人の中に多様性をつくり、そこで転生していくことによって、多くの人生を学ぶチャンスが得られる、そのような惑星をめざした。

そして最後とどめが、ルシファーを受け入れることにより、宇宙は二元論で成り立っているとしても、闇に対する圧倒的な量の光の中で、神の偉大さを改めて知るのである。

10 地球家族の決算期が近づいている

あなた方は今地球を汚し、自らが苦しみ、仲間同士苦しめ合い、殺し合うような状況をつくっている。でも地球意識であるわたくしが、ちょっと身震いをすれば、あなた方の文明は破壊され、海の底に沈み、地球は大浄化の過程の中で、また本来の健全さを取り戻すであろう。あなた方がこの地球の支配者であるかような顔をしているが、地球の表面に一時住んでいる者たちでしかないのだ。

あなた方は今、エゴにより地球を傷め、自分たち自身が苦しんでいるが、ルシファーがやろうとしていることも同じこと。自分自らが宇宙に陣取り、宇宙の根源の神にも及ぶと思っているかもしれないが、すべての闇はオームの神が咳払いひとつすれば消し飛んでしまうほど、圧倒的な光の渦(うず)の中で、圧倒的な愛の思いで表現されているのがこの宇宙である。だから、地獄界があろうと、ルシファーがいようと、そのようなことを恐れるな。

逆に、そのような者たちの誘惑を通して、自らの愛のエネルギー、神の子としての気高さ、使命に気づいてほしい。神があなた方に何を託され、この地球という惑星に送り込まれたのか。何ゆえに、あなた方が今そこに存在するのか。自ら自身という存在の答えを見つけてほしい。

あなた方は、目的もなく無軌道に、この地球意識のところに偶然めぐり合わせ、今という刹那的な時だけで滅びてしまうような存在ではない。永遠の過去から、永遠の未来に向けて命を与えられ、神の愛のエネルギーを分け与えられ、その中において、あなた方の高貴さをもって愛という命を表現し、神の子としての表現形態の中で、宇宙を彩るミッションのために、あなた方個人として、オリジナルの素晴らしさを、才能を与えられて、この地上に降ろされた光の天使たちである。それを自覚せよ。

そうであったのならば、今の地球の中で互いに傷つけ合い、戦争をし、自分たちが吸わなくてはいけない空気を汚し、飲まなくてはいけない水を汚し、食べなくてはいけない物を育む大地を汚すことができるであろうか。そんなことにも気づけずに、エゴの思いで生き続ける。表面的なことだけではなく、自らが何者であるかという自覚に、しっかりと根づいたものでなければ、環境問題を叫んだとて、エコ問題を叫んだとて、ほんとうの意味での解決策にはならないということを知れ。

あなた方が地球の中における真の家族となり、そして神の子同士として、わたくしとほんとうの意味で一体となって、大宇宙の一員にふさわしい仲間として、神のもとに出向くことができるように、そのような惑星に今回なりたいと思う。その決算期が近づいているということを、あなた方に言っておきたい。

11 愛を放つ神の子として生きてほしい

いかなることがあろうとも、わたくしはあなた方を愛しているよ。

ただただ、あなた方がなしたいことをしなさい。

ただ、親として幾度も幾度も、子どもたちの痛ましい苦しみ方、死に方を見るのは忍びないのです。この場を借りて、わたくしから今日メッセージさせていただいた。ガイアも脇で「頑張ってほしい」と、「いつもあなた方のことをいとしく思う。愛しています」と伝えてほしいと言っています。

動物も植物もすべて、身体の中の大部分が水であり、水の中で命というのが育まれ、循環しているであろう。そこの中にガイアの思いがあるということ。それに気づきなさい。

あなた方は宇宙の中の地球というところに放り出され、勝手にひとりで生きている、孤独な人類ではないということ。大宇宙に抱きしめられ、内も外もわたくしたち地球意識の愛の思いで抱きしめられて、今存在しているということに、どうか気づいてほしい。

我々の愛を受け取ってほしい。

我々の愛に気づいてほしい。

そして、気づいたのならば、どうかあなた方も、愛を放つ神の子として生きてほしい。

そのような者たちが住まう地球というものを、わたくしは夢見ている。

そのような惑星、地球をつくりたくて、古来頑張ってきたのである。

あなた方の行末(ゆくすえ)を、いかなるときであっても見守ろう。

あなた方を永遠に愛していこう。

だから、頑張ってほしいと思う。

大自然の中で耳を澄ませば、わたくしの思い、バイブレーションは、いつもあなた方の中に伝わる。

必要ならば、わたくしの名を呼びなさい。

「テラ」、そして「ガイア」と呼びなさい。

この惑星「テラ」の思い、そして「ガイア」という命の響きが、あなた方の中に、内側からも外側からも答えとして返ってくるはずである。

細胞の遺伝子の中に、わたくしたちの思いが脈々と流れているのだ。

わたくしの肉体を分け持って、物質界のあなた方の身体はできているのだから。

いつでも、いつでも呼びかけなさい。

いつでも、いつでもわたくしたちは答えよう。

否、答えているのだ。

もし、喧騒の中で自分を見失いそうになったら、大自然の中に入りなさい。

そこには、地球のバイブレーション、神の波動が流れている。

そこで、わたくしの名を呼び、ガイアの名を呼びなさい。

そうすれば、あなた方の身体の中から答えが返ってくるであろう。

ひとりではないのである。

そうやって、あなた方の霊性を開発し、高い次元での霊的な目覚めというものを果たしてほしいと思う。

12 地球という星のミッションを果たすために

今、神の子の教えが、素晴らしい書籍となって出ようとしている。自分が何者であるか。どのような使命を持ち、どのような愛の存在であるべきなのか。あなた方は何ゆえに存在していて、何をするべき者であるのか。こんな簡単なことをわからずして、今まで生きてきたのだと自覚できるほどに、圧倒的な愛の思い、神の子としての自覚、使命、それらに気づくだけで地球人は変わるということ、地球は変わっていけるということを、あなた方の兄弟たちに、どうか伝えてあげてほしい。

あなた方はもうそこに気づいたから、今この場にいる。でも、多くの兄弟たちは気づいていない。であるのなら、その知識、智慧（ちえ）を、あなた方の兄弟たちに伝えてあげてほしい。そして、ともに自覚し、ともに光り、ともに愛の中で輝きなさい。自分だけ光ればいい、自分だけわかればいいという思いではなく、愛は常に分かち合うものであり、愛は常に命を流れさせる中において、多くの人びとを幸せにしたいと望むことである。

ほかの者たちの幸せを、我が幸せとしていくために、どうかあなた方の自覚と決意をもって、今回の使命に就いていただきたいと思う。

この地球という星の持っているミッションを果たすために、今日あなた方の声を聞き、あなた方に直接メッセージを送ることができて、とても幸せな晩でありました。

多くの仲間たちに、多くの地球人類に、わたくしの声が届く日がくることを、一日も早く、わたくしとコミュニケートできるようになることを、楽しみに待ちわびています。あなた方がちょっと気づくだけで、すぐできるのであるということを、どうか伝えていただきたいのです。

今日はありがとう。

もう一度、我が胸の中に戻って来てくれることを、ガイアとともにいつも待っています。

アトランティスのときにおいても、
レムリアのときにおいても、
ムーのときにおいても、
ほかにも数々の文明があったが、
最後に必ず天変地異や、
大陸が沈むことをもって、
その時代の隆盛を誇っていた人びとが、
こつ然と文明の頂点から消えうせたであろう。

それは、
決算を果たさなければいけない
地球の周期のときに、
彼らがその結果を自ら受け、
償うために、
そのようなことが
起きてしまったということである。

第六章 母なる地球から子どもたちへ ガイア（地球意識の女性体）からのメッセージ

二〇〇八年二月二十六日

まず、その惑星独自の思いがあり、言霊（ことだま）が発せられます。
それから、その星独特のバイブレーションの中で、
光が発信され、
その惑星独特の水という命の流れがあるのです。
命宿るところに水がないことはございません。
比率としてわずかであっても、
惑星の中に命があるのならば、必ず水があるのです。

1　陰陽による宇宙の創造原理

わたくしの愛する息子たちよ、娘たちよ、ようこそ来られました。母はいにしえのときよりずうっと、あなた方を待っていました。いつも、いつもあなた方を見守り、育み(はぐく)ながら、愛し続けてきたのです。よくぞこのときを迎えられました。あなた方の思いの中に、神の子として、神の道へとつながろうという思いが強くあればこそ、今日のこのときを迎えられたのです。この成長を母は、誰よりも喜び、宇宙のオームの神へ、心から感謝をするものであります。

今、この地球が大切なときを迎えていることを、あなた方は理解しておられますね。もうさまざまなメッセージが伝えられたはずです。地球の中には、わたくしとテラ様という意識があります。万物創世のときより、陰陽の二極が交じり合い、宇宙の創造原理を司(つかさど)っております。

どの惑星においても、銀河においても、はたまたオームの神におられても、すべて陰陽という二極性のエネルギーが回り、助け合い、愛により結び合い、そして、神の力を表現しているのです。

「初めに言葉ありき」と、あなた方は習ったはずです。まずオームの神の思い、それが言葉として言霊を持ったとき、ひとつの方向性を持った意思のエネルギーとして発射されるのです。それはオームの神だけではなく、ありとあらゆるもの、あなた方においても、神の子の力として皆が共通して持っている創造原理なのです。

その言霊に宿るのは愛のエネルギーですから、それが陽の意識、光として放たれたあと、陰の意識である水という命の流れとして宇宙に流れ出すのです。

光という陽の意識は宇宙空間を貫き、ひとつの外殻としての磁場をつくっていきます。さまざまな光の存在である陽の意識として、すべてのきらめきの中で、太陽をつくり、宇宙空間を創造なさるのです。

そのような星々が、宇宙ができてきたとき、そこに、陰極と呼ばれる女性性の者たちが、水という存在を通して、神の命を吹き込んでいく、という法則が宇宙にはあるのです。

あなた方はそうやって、三次元にできました。あなた方の体の細胞を構成している元素は、すべて「テラ意識」と呼ばれているところからの物質ではないでしょうか。そうやってすべての存在が形を持ちます。

しかし、もしあなた方が人間をつくり出したとしても、そこに神の子としての命の息吹、生命の流れというものを吹き込まなくては、「神の子人間」という存在は誕生しないのではないでしょうか。その命を「霊性」とも申しますが、女性性の者たちは、霊的なる命の流れを、水を使ってその入れ物の中に宿らせ、神の子を誕生させていくのです。

大宇宙の中において、常に陰陽のエネルギーは、らせん状に渦を巻きながら回転し、万物一切を創造しております。あなた方の中にも、ひとつの小宇宙というものが存在します。その中の陰陽という極性を用いて、外側の肉体と、その内側に宿る命という流れをつくることによって、あなた方の肉体も創造されているのです。

あなた方も神の子として、その創造原理をお持ちであるということ。あなた方の中に、水を通して、命の流れが宿るということを申しました。

2 命の水がガイアの愛の流れ

地球をつくったときも、まず初めにテラ様の中にこの惑星のビジョンがあり、テラ様とわたくしガイアとが共同で、太陽意識の中にあるあらゆる素材の中から、どのような理想の惑星をつくろうかという、個性の表現に適した材料を選び取りました。

そして、太陽から飛び出てテラ様が磁場をつくり、回転し、太陽から持って出た素材を使って、地球という新たな惑星を創造なされました。その磁場の中で、次に動植物、鉱物の創造というビジョンがありました。すべてのビジョンと材料は、飛び出たときに、地球の中にあったのです。

地球が少し冷えて固まってきて、雨、海、川の流れという環境が整い、水がその惑星の中に潤(うるお)ってきたときに、テラ様の御意識の中にある、「このような生命を誕生させたい」というビジョンが、地球内部から地上に出てくる段階になってきたということなのです。

そのビジョンに命を与えるのが、わたくしガイアの役目でもありました。水というのは波動が安定しており、その中にビジョンを一定化させる力があるのです。

テラ様がお持ちになっていたビジョンと物質的な構成要素とが結びついて、地球内部から上がっていったときに、その命の水がガイアの愛の流れの中で、次々と地上に生命を誕生させていくという、そのような過程がございました。

大地も、木々も、川も、すべての中に命の流れが宿っております。そして、鉱物も、植物も、もちろん動物たちも、虫たちも、その中にみな神の子としての命のきらめきを内在しているのです。そのすべてを生み出しながら育み、養い、守り、愛し続ける。それがわたくしとテラ様が負っている惑星意識という者たちの使命なのでございます。

それぞれの惑星の中には、それぞれペアの者たちがおり、その惑星意識たちの個性と、表現したいという理想にさまざまなバリエーションがあるため、星々はそれぞれ独特の輝きと波動を放っているのです。

3 満々と水を湛(たた)えた惑星地球

あなた方がもし、宇宙のシンフォニーを聞けるのならば聞いてほしいと思う。この方（アマーリエ）が以前、宇宙空間に出て行ったとき、「星々は歌っている」と、「ダンスをしている」と、言われたことがあるはずです。星の中から言霊のような音が出て、星はそれぞれのリズムと波動による歌を歌っているのです。それぞれが、それぞれであることを神に感謝し、高らかに自分たちの個性を謳(うた)い上げているのです。

神はあらゆることにおいて、神の子の自由な表現を喜ばれます。オームの神は、ご自身が生み出した神の子たちである惑星や銀河が、それぞれの自由意志で豊かに愛を表現することを、深く望んでいらっしゃいます。たとえ多少の失敗があろうと、それも宇宙の中における大いなる魅力のひとつであるという寛容な愛で、「失敗を恐れずチャレンジをせよ」と言って、わたくしたち未熟な惑星意識の者たちを送り出してくださるのです。

その中で、わたくしもテラ様と一緒に、地球の理想を描き、テラ様とともに、永い間、この地球という惑星を育んでまいりました。あなた方はわたくしとテラ様の身体（からだ）の中から生み出された、いとしい、いとしい我が子たちです。どの方たちを見ても、いとしい、いとしい、わたくしの血を分けた子どもたちなのです。

魂のルーツにおいては、ほかの星から来られた方もありましょう。でも今、地球の物質によって肉体を持ち、地球の中から流れてくる光の霊的なエネルギーにより、あなた方が生かされているという意味において、わたくしとテラ様のいとしい子どもたちであるという認識は、寸分（すんぶん）もたがわないのです。あなた方はわたくしたちの愛するかわいい子どもたちなのです。

であるのならば、なぜあなた方はかわいい我が子たちであるのに、殺し合いをするのでしょうか。なぜ憎み合うのでしょうか。なぜ滅ぼし合うのでしょうか。あなた方が大宇宙や地球の愛のエネルギーの中から生まれ、わたくしたちの愛とともに生きておられる神の子であり、仲間であり、家族であるという認識があるのならば、どうか、もうこれからは傷つけ合い、殺し合うことをやめていただきたいのです。

宇宙は愛のエネルギーに満ちています。さまざまな星々が、自分の愛の歌を精一杯、声を上げて歌っております。それが太陽系ならば太陽系、銀河系ならば銀河系の中で、どんどん総合的な合唱になり、オーケストラのようになり、大宇宙に神の愛のリズムが、歌声が響き渡っているのです。その音が、その言霊が、すべてをつくり生かす愛の表現なのです。

まず、その惑星独自の思いがあり、言霊が発せられます。それから、その星独特のバイブレーションの中で、光が発信され、その惑星独特の水という命の流れがあるのです。命宿るところに水がないことはございません。比率としてわずかであっても、惑星の中に命があるのならば、必ず水があるのです。

見てください。地球はこのように青々として、水を満々と湛えた惑星ではないでしょうか。水がこれだけ蓄えられた惑星であるということは、どういうことであるか、わかりますか。それだけそこに住まう生命体が多い星であるということなのです。そこに水というものを通して、多くの者たちが生きているということなのです。

水というものを通して陰極から流れて来る生命波動と、陽極であるテラ様からの物質的なものを受けて、そこにさまざまな生命が生かされているということなのです。多くの生命体が宿るには、やはりそれだけの水が必要であるということなのです。

4 地球の水を汚すとどうなりますか

わたくしは、今このときにあなた方に申し上げたいのです。水というのが命を支える源であり、神の愛の表現であることを申し上げました。その水を、あなた方は今、汚しているのではありませんか。水は地球の体液です。命の源です。あなた方だって血液を汚染されたら、生きていくことはできないでしょう。血液が循環してこそ、命は育まれるのです。

今、どれだけ地球の水の中に猛毒と呼ばれるものを流しているか、あなた方は理解していますか。やっとここにきて、新聞などで表面化してきたと思っています。

魚たちを見てください。多くの魚たちが化学物質の中で苦しんでいます。あなた方には魚たちの悲鳴が聞こえないでしょうか。アザラシたちの苦しみがわからないでしょうか。彼らは声をあげることができず、ただただ病んで苦しんでいるのです。

その海の水は、小さな魚の中にも入り込み、あなた方がよく召し上がるマグロなどを通して、あなた方自身の身体の中に、そしてまだ幼い子どもたちの身体の中に毒素が取り込まれ、蓄積されているのではないでしょうか。そして、水の中に溶け込んでいった化学物質は地下水から山の中に吸われ、木々の中に入っていき、地球自体の命を根こそぎだめにしてしまうのです。

命宿るものの源（みなもと）が水だと申し上げました。ということは、水の中に毒素を入れたならば、地球に生きる生命は、みな根絶（ねだ）やしに滅びてしまうということではないですか。それを司るわたくしであるからこそ、あなた方に申し上げます。

こんなに水が豊かで、生命力に満ちた惑星は、宇宙を探してもなかなかあるものではないのです。このように多くの命を誕生させ、多くの神の子たちが修行できる惑星へと導いてきたのです。今、大事な時期を迎えるにあたり、そのような猛毒で地球環境を壊し、そこに息づく命にとどめを刺すようなことをしてはなりません。

あなた方の中に、よく高級な熱帯魚とかを飼う大きな水槽をお持ちの方がおられるでしょう。その中に、貴重な生き物をよくお飼いになっているでしょう。その大事な生き物たちがいる水槽の中に、毒を数滴入れてごらんなさい。

水は地球という星の中だけで循環しているのです。そこに毒を入れたならば、水を通して循環しながら、隅々まで運び込まれてしまいます。そうしたならば、神の子としての修行ができる肉体や環境を授かりながら、あなた方人類だけでなく、地球に生きとし生ける生命すべてが、滅びてしまうのです。

命とは宇宙の源から発せられる、大いなる神の愛の表現なのです。愛の分身なのです。大元の神から引かれてきた、神の分け御霊なのです。それが地球において命を持ち、栄えているのに、地球にいる生き物をみな殺すということは、大宇宙の神の一部を殺すのと同じことなのですよ。

自分たちがどのようにして、神という宇宙の愛のエネルギーにより生み出され、宇宙の中における陰極の役割である水を通して、地球の中で命を持ち、育まれ、修行をしているか。そういう自分たちの立場、役割を、もうそろそろ地球人は知らなくてはなりません。

5 愛のバイブレーションの中で愛を謳い上げていくのです

大宇宙の波動に調和しないものは滅びゆく、それが大宇宙の掟でもあります。波長同通(つう)ということを習ったでありましょう。個性があってもよいのです。でも、みんなそれぞれの個性を通して、愛のバイブレーションの中で愛を謳い上げていく。そのようなものしか、大宇宙の中では生き抜いてはいけないのです。愛により見守られ、愛により育まれ、愛により生み出され、愛のために生きていく、それがわたくしたち、宇宙の中に存在する神の子としての役割なのです。それが使命でもあるのです。そのバイブレーションとことごとく違うことをしたときには、その惑星単位、その文明単位で滅びることになっているのです。

文明で言うならば、近いときにアトランティスという文明が滅びました。ムーという文明、レムリアという文明が、どのように滅びていったか。惑星単位で言うならば、マルディックという惑星が、今は粉々になって宇宙空間の中に浮いております。惑星自体が破壊されて、使命を終えてしまったのです。それは、そこまで宇宙に流れる愛のバイブレーションと異なる波動を出した結果なのです。地球もそうなりかねないですよ。

でも、どの惑星よりも、地球にはたくさんの者たちがいます。たくさんの命があるのです。これだけの命があるということは、その中の半分の方たちでも、もう一度、神の子としての自覚に目覚め、神の愛の中で、高らかに愛を謳い、自然を通した大宇宙の愛のエネルギーに、心をひとつに合わせて大調和を果たし、次なる神の星へと向かおうという、神の方向を向いた愛のエネルギーを発したならば、そのバイブレーションによって必ずや、地球は愛の星として、高らかに愛を謳い上げる星となることでしょう。

愛の歌を謳わなくてはなりません。

愛の歌を謳うのです。

神の子として、皆が手を取り合い、謙虚に神に感謝し、そして、自らの素晴らしさに誇りを持ち、高らかに自分の生命エネルギーを謳い上げてください。

皆の心が一致して、愛のハーモニーを奏でるならば、あなた方が望んでいる神の星、愛の星地球へとシフトアップすることなど、簡単なことなのですよ。

よいですか、住まう者が少なく、生命エネルギーの低いところでは、トラブルも少ないかもしれない。でも、一部の者たちがマイナスの波動を出したのならば、プラスで埋め合わせする力が弱いのです。

ここにはたくさんの命が今、来ています。

多くの方がたにわかる言葉で、神の世界のことを教えてあげてください。

難しいことはいらないのです。

何度も言いました。

ほかの者たちも伝えているはずなのです。

わたくしたちは、とてもシンプルな世界に生きております。

そんなに難しいことは考えていない。

ただただ宇宙の愛のエネルギーであるオーム、いにしえのときから有りてある愛の奔流に、静かに身を任せ、感謝と愛の思いの中で、わたくしたちにできることを、わたくしたちがやりたいことを、愛の表現の中でなしているだけです。

難しいことを頭で考えることよりも、感性の中で、心の目で宇宙を見てください。自然を見てください。

そこに命の息吹を感じられるだけの感性を持って、見てください。

そして、もう一度、あなた方自身の存在を見てください。

6 命の水の中に猛毒を混ぜてはいけません

よいですか。わたくしはいつもあなた方とともにいます。

いつもあなた方とともに生きて、あなた方を愛してきました。

地球に命を持つものすべての母であるのが、わたくしガイアです。

あなた方は、わたくしを探すとき、空を見上げることはない。

あなた方の内側を見てごらんなさい。

黙って目をつぶり、己自身の魂の内にある、神の子としての愛のエネルギー、そして、肉体に宿る命のエネルギー、そこにわたくしはいます。

お腹がすいたり、疲れたり、うれしかったり、気分が爽快だったり、頭が痛かったりすることもあるでしょう。

「こんな肉体」と言わないでください。

その肉体の中に、神の愛という命のエネルギーが宿るからこそ、あなた方の肉体は動くのですよ。ロボットではないのです。

すべての細胞の一つひとつの隅々にまで、神の子としての命のエネルギーが流れ込んでいる。

そこをわたくしが、オーム宇宙の陰極のエネルギー、オームの女性性のほうから引いてきたエネルギーを通して、地球の中に流し、あなた方のほうにも送り込んでいるのです。そうやって命というのは育まれているのです。

今あなた方の中で、科学的、物質的なものだけがすべてである、という概念があるようですが、タンパク質だけの塊をつくっても、人間として動き出さないのではないでしょうか。そこに魂が宿り、命の息吹が宿らなくては、神の子人間は存在し得ないのです。

すべてが神の子として、愛のエネルギーのもとに育まれ、生かされているのです。であるのならば、地球の中において運命共同体である、あなた方地球人類が、仲間と殺し合い、家族である兄弟と殺し合ってはなりません。そこでともに住まう者たちであるのにもかかわらず、空気を汚し、地球の体液の中に、このような猛毒の化学物質を混ぜてはなりません。

わたくしにはわかっています。

この猛毒を、今、中国というところを通して大量に流しています。

そこには、地下の者の恣意がある。その思いも伝わってくる。

地球という環境を壊すために、ひとつは核爆弾を使って、マルディックのように、地球の外殻を爆破しようとする。そして、命を育む水の中に、猛毒を仕掛けることにより、地球の女性性の命の部分も破壊しようとする。それらふたつの邪悪な思いで、彼らは画策している。それもわかっているのです。でも、彼らにはそのくらいしかできません。

あなた方が、「大宇宙の神が愛であり、人類が愛のエネルギーを引いた、神の子たちである」と高らかに謳い上げ、「そのように、兄弟たちと殺し合ってはいけない」と言うならば、核爆弾による破壊はまぬがれることができましょう。

そしてもうひとつ、今、環境問題が叫ばれていると思います。CO_2のことも言われていると思いますが、それはテラ様からもお話があったと思います。

それよりも、陽極に対する陰極の、命のエネルギーを育む水の中に猛毒を入れてはいけません。

猛毒を入れることに対し、高らかに「それは間違っているのである」と伝えてください。そのような運動をしてください。

それをしなければ、取り返しのつかないことになるでしょう。そのことに気づいている者は、まだまだ少ないのです。

食べ物の中に毒を入れたらおかしいと思うでしょう。その場合は、その食べ物を破棄すればいいかもしれない。しかし、水の中に化学的な猛毒を入れてしまったならば、毒素は、大地にも、海にも、川にも、すべての生命体系の中に浸透していき、根本的な生命活動を破壊してしまうことになるのです。

どうかそのことを、レムリアを通しても伝えていただきたいと思うのです。

7 愛のエネルギーに戻るのです

地球はこれから大きな転換期を迎えます。

しかし、基本は神のもとへ還る道です。

自分たちが愛により生まれ、愛により生かされた、神の子のエネルギーであるということに気づき、それを学ぶためのひとつの分岐点(ぶんきてん)、ひとつのテストであると思えばいいのです。認識を学ばせていただくときであると思えばよいのです。

あなた方がもしほんとうに、「愛のために地球環境を壊す」と言うのならば、わたくしもテラ様も、それはそれで甘んじて受け止めましょう。

あなた方が学び成長するために、つくり上げたこの環境です。そのために、わたくしもテラ様と仕事をしてきました。ですから、どうかあなた方の学びとしていただけるようにしていただきたいと思うのです。

しかし、このシフトアップを通して、地球がもし、神の星として、修行場として、次の段階に昇ることができたならば、今度は次なる新たな可能性の中で、どれだけ地球人類は神の子として学ぶことが許されることでしょうか。

今、半分の者たち、いいえ、もっと少なくても、地球にたくさんいる命の何割かの者たちが目覚めていったならば、ひとつの地球の愛の磁場の中で、多くの者たちも連鎖的に目覚めていくことができるのです。あなた方は、地球に住まう者たちを、覚醒させることができるのです。

そのような磁場の中で、新たな地球の、本来の神の星としての修行ができる。

ああ、わたくしは、そのときをどれだけ待ち望んできたことでしょう。

その星にはもう戦争はなく、その段階では憎み合い、仲間と殺し合うことも、もうないのです。

そう、海の中に毒を入れる者もなく、神の子として表現することを自らの使命として、互いに敬意を持ち、愛し合い、生かし合う。そういう星が誕生するのです。「無理に」とは申しませんが、わたくしもテラ様も、そのような星になることを永いこと、永いこと、わたくしたちの夢として描いて、今日まで頑張ってまいりました。

かわいい我が子らよ、母が「必ずそっちのほうに行け」と強制する気はないのです。あくまであなた方の自由意志の中で選び取っていただければよいかと思います。

だけどね、これ以上仲間を傷つけるということは、ひいてはあなた方自身を傷つけることになります。

あなた方は神の子として、ひとつにつながっている愛の意識そのものなのです。だから、あなた方が敵国だと思う者たちを傷つけたならば、それはあなた方自身を傷つけていることになるのですよ。そしてそれは、地球の意識であるテラ様を、このわたくしガイアを傷つけているのと同じことなのです。

あなた方のことを愛しているから、母はもうこれ以上見るのが忍びないのです。もしこのまま、宗教や戦争で互いに傷つけ合い、核兵器を使って滅ぼし合って、水の中に毒を入れて、のたうち回ってあなた方が死んでいき、その負の反作用で大地が砕け、彗星のようなものを引き寄せて、星ごとあなた方が滅びるとしても、あなた方が神の子として、滅びていく姿をわたくしはもうこれ以上見たくないのです。テラ様も、そのようにおっしゃっていたのではないでしょうか。

あなた方はわたくしとテラ様の血を分けた、かわいい、かわいい我が子なのです。永いこと、あなた方を見守り続け、愛し、育んできました。

いつでもわたくしたちがあなた方を愛しているのだと、あなた方のその身体に流れる赤い血の中に流れる命を、抱きしめながら確認してごらんなさい。

「神というのは、目に見えない大宇宙にあるものだからわからない」と言うのならば、あなた方のその身体を抱きしめてごらんなさい。そこに地球の母であり父であるわたくしとテラ様の愛がいっぱい詰まっていて、あなた方の身体を流れているのですよ。その中に、神の愛は詰まっているのです。

であるならば、あなた方はもう一度、神の愛のエネルギーに立ち返らなくてはなりません。

愛のエネルギーに戻るのです。

神の子の、本来のエネルギーに戻るだけです。

罪の子でも何でもないのです。

8 ルシファーとともに生きましょう

あと、もうひとつ、「なぜ地球意識は、ルシファーという男を引き受けたのか」ということが言われたと思います。彼も神がおつくりになられ、愛された、いとしい神の子どもであるのです。彼が過ちを犯したのかもしれない。でも、この無限の時の流れの中で、彼だって気づいていくチャンスを与えられる必要があります。わたくしは、今、魔界にいるルシファーがこれを聞いているのも知っているのです。

魔界も地球の一部。彼らはわたくしたちのエネルギーを引いていないと思っているでしょうけれど、そんなことはないのです。地球に住まうのならば、必ずやこのエネルギー循環の流れを受けているのです。

ルシファーよ、聞いているなら聴きなさい。

「ようこそ地球に来られました」と、あなたが地球の我が子となることを、わたくしは喜んで迎え入れたのです。あなたは聞く耳を持たないでしょうが、わたくしもテラ様も、ずっとあなたをいとしく、永い間見守り続けてきたのだということです。

あなたは個性が強いから、自分の中でこうだと納得しないと、なかなか、ほかの者と同じ生き方はできないかもしれない。それがゆえに混乱をつくるかもしれない。でも、あなたが納得したときでいい。神の心に調和するということが、どれだけあなた自身を救うか。あなた自身のその心の痛みから解放されるか。それをわかってほしいのです。

わたくしは、永いことあなたを見守り愛してきました。

これからも見守り、あなたとともに生きていくつもりです。

わたくしとテラ様は、けっしてあなたを見捨てないから。

ここにいる者たちがみんなシフトアップして、ほかの惑星に行ったとしても、わたくしとテラ様は、あなたとともに生きようと、そのような覚悟で、あなたをこの地球に迎え入れたということを、忘れないでほしいのです。

ルシファーとともに来た者たちよ、聴きなさい。

あなた方は地球の嫌われ者でもなく、厄介者(やっかいもの)でもなく、地球に堂々と迎え入れた、わたくしのかわいい子どもたち、我が家族であります。地球の家族であります。

たとえちょっと毛色が変わっていようと、別のことを言う子であるからといって、子どもたちの中で、母がその子を愛さないということがあるでしょうか。そんなことはないのです。どの子もどの子もいとおしい。どの子もどの子もかわいい、我が子でありま す。

9 絶対にあなた方を見捨てません

地獄界にいる者たちよ、聞きなさい。

あなた方が自分の意志の中で、今ひとたび、神の子としての誇りを取り戻すならば、今、光が降りているところを通って昇っていらっしゃい。

そんな暗い、そんな苦しいところにいなくても、地球は愛と光に満ちた、温かい素晴らしい星なのですよ。

そんな暗いところに隠れていなくていいのです。

堂々と上がっていらっしゃい。

光の世界に上がっていらっしゃい。

わたくしはあなた方をずっと見守り、あなた方を愛し続けてきた、母なる地球、ガイアです。

あなた方を抱きしめましょう。

あなた方をずっと愛してきたように、あなた方をこれからもずっと抱きしめて、生きていきましょう。

だから、安心して出ていらっしゃい。

もう自分を偽らなくていいのです。

出て来た光の世界、わたくしのもとには、恐怖心や脅しや力で、あなた方を押さえ込む者は誰もいません。誰もお仕置きなんかしません。誰もとがめ立てしません。

ただただ、あなた方があなた方であればよいのです。

ずっと愛してきました。

でも気づいてくれなかっただけです。

あなた方をいつか迎え入れようと、いつかあなた方に話しかけようと、この瞬間を待っていたのです。

地球上の善良なる神の子たちがシフトアップしてくれるのは、わたくしにとっても、とてもうれしいです。

地球自体がまた神の子の星として、次の段階に来るのも、とてもうれしいです。

でも、はぐれてしまった、わたくしの見失われていた息子たちが、娘たちが、その苦しい、光に背を向けた闇の世界から、わたくしの目の前に、胸の中に戻って来てくれるのは、何十倍も母としてうれしいのです。その思い、伝わるでしょうか。

わたくしは絶対にあなた方を見捨てません。

どんなことがあっても待ちます。

あなた方がいやなら、そこにいてもいいのです。

でももし、今のこのチャンスに出て来てくれるのなら、どうか今、光の柱が降りているでしょう、そこを通って上がっていらっしゃい。

もっと明るいところで伸び伸びと、楽しく、わたくしたちと話し合いましょう。

そのことを伝えたかったのです。

そして、地上にいる方がたよ、地上にいる我が子たちよ。

彼らをも愛で包んでいくような、そのような存在になっていくことを、わたくしは望みます。

なぜなら、彼らだって、あなた方の兄弟だということです。

あなた方だって、永い転生(てんしょう)の中で道を見失ったことは何度かあるでしょう。

でも、彼らはちょっと深く道に迷い込んだだけなのです。わたくしから見たらそうです。

彼らとともに、もし星が滅びるのならば、わたくしは彼らと一緒に滅びましょう。わたくしもテラ様も、別にわたくしたちの肉体をどうこう思っていません。

あなた方が、そして、もし魔界の者たちが、「それをしたい」と、「そうしなければ、神の子として気づけないのである」と、「愛を学べないのである」と言うのならば、喜んで滅びましょう。

地球を滅ぼしたという経験を通して、あなた方がまた、次の段階で愛を学ぶチャンスが与えられるのだったら、もし、愛に気づくことができるのならば、わたくしはそれでもよいかと思うのです。

10 神は裁きません

あなた方にあるのは、数十年の人生だけではないのです。そして、この地球だけの転生でもないのです。永劫（えいごう）のときをかけて学ぶのは、愛のこと、神の子としてのあり方、愛の表し方、それだけなのです。地獄界にいる者たちは、ただ自分の愛の表し方がへたなのです。そして、自分自身を正直に見つめられないだけなのです。

そんなふうに道に迷い込んでいる自分の子どもたちを見て、この母が胸を痛めていないとでもお思いでしょうか。

地獄界にいる者たちよ、出ていらっしゃい。

何も怖いことはない。

誰も何も裁くこともない。

神は裁きません。

神はとがめません。

けっしてあなた方に強要することはない。

すべて自由意志です。

いやならば、そこにいてもいいのです。

でも、「あなた方のいる世界は、少しも幸せな世界ではないよ」ということを、今伝えているのです。

どうかわかってほしい。

わたくしとテラ様がどのような思いで、ルシファーとその仲間たちを銀河意識のほうから預かり、今日まで惑星としての使命を果たしてきたか。

「ルシファーがいなければ、地球はもっと早くシフトアップできたであろう」と、言われ続けてきたではありませんか。

でもね、さまざまな星から、多様な方がたが来ているのが、また地球でもあります。それゆえの混乱もあるのです。混乱はあっても、たとえ「宇宙の嫌われ者」と言われた者たちであっても、みな等しく神の子どもたちであり、わたくしたちの兄弟であるということは、変わらないではないですか。

わたくしとテラ様は、そのような危険性があったとしても、そういうものすべてを抱きしめていける、すべての者たちがそういうふうに修行できる、そのような星をつくるのを理想として、この地球という星をつくったのです。

11 地球の愛

けっして優等生になる必要はなかったのです。
けっして、ほかの惑星との競争の中で、早く進化しようとしたのでもないのです。

「ただただ、傷つく者、あらゆるものを受け入れていく、神の愛の深さ、無限の赦し、そういうものを学べる、そういう星をつくろうね」と、わたくしガイアとテラ様は話し合い、「そうだね」と、テラ様もおっしゃり、この星をつくったのです。

その惑星の意味をわかって、この星に移り住んで来る者たちはいるのです。

多様な個性のぶつかり合いの中で、さまざまな価値観があり、自由意志を大宇宙の神が認められている以上、それぞれの事情により、そのようなぶつかり合いもあることでしょう。それであったとしても、愛というのは無限に赦し合い、受け止め合い、生かし合い、抱きしめ合う。それが神の望まれる道であると、わたくしとテラ様は愛というものをそのように理解し、そのように表現しようと、惑星単位で思ったのです。

それが地球です。

それが地球の愛です。

その場であなた方の命を預かり、そこで今、修行をしておられる地球の我が子たちであり、家族であるということ。

どうかそのことを理解していただきたいのです。

その中で、いずれほかの惑星に転生されていくことも多いかもしれない。

でも、この地球という、特殊な環境の中で修行されたということは、永い間、あなた方の記憶に残ることでしょう。永遠の流れから見たら、地球で住まったことなど、ほんの一瞬のこととして、あなた方の魂の記憶の中に残ることでしょう。今回ここにおられる方などは、特に卒業されていかれる方も多いのです。

でもね、その中で、いやなこともたくさんあったかもしれないけれど、それでも多様な中でみんなが生かし合い、さまざまな個性とぶつかり合うことが出て、学ぶことも多かったというのが地球であったなと、懐かしい記憶に残ってくだされればうれしいかと思うのです。

そして、宇宙のどの星もがいやがった、そのような者であっても、それでも受け止め、愛していこうと思い、我が子のように思い、最後までその者たちと命をともにしようと思っている、そんな惑星意識があったのが、この地球であったということ。

そのことをどうか、あなた方の魂の記憶の中に残していただけたら、ガイアは幸せであると思います。

滅びてはなりません。

生かし合いなさい。

そして、賢くありなさい。

今、どうしなくてはいけないときなのか、よく考えなさい。

神の法が明かされ、叡智（えいち）が明かされ、このような者（アマーリエ）がいて、通信ができる時代に今、突入しています。そして、その中でも、赦し合うということが、どれだけ大きな深い愛を学べるかということは、あとになってあなた方はわかることでしょう。よいですか。自分たちだけの価値尺度の中だけで、認め合っていても、それは愛の豊かさ、深さというものを学ぶことにはならないのです。それだけの深さ、豊かさを学ぶには、自分以外の者たち、異質なもの、たとえ魔と言われ、おかしいと言われている者たちですらも、包んでしまうくらいの深い深い愛がなければ、その愛の豊かさというものを、広大さというものを学ぶ道はないのです。

愛は理屈ではないのです。

知識ではないのです。

魂の中に抱える豊かな認識力なのです。

感性でもあるのですよ。

それには、愛というものを体験してみる場が必要です。

この体験を地球でしてください。

苦しかったでしょう。

つらいことが多かったでしょう。

足を引っぱられることも多かったでしょう。

でも、地球の中に宿るのは、宇宙の中に宿るのは、あなた方に流れるのは、ただただ愛だけなのです。

神の愛だけが流れ込んでいるのです。

愛をたたえてこの地球は存在し、愛のエネルギーを受けて、この太陽系も地球も回っているのです。

愛のエネルギーを受けて、光によって生かされています。

あなた方も愛のエネルギーにより、神の子として、今存在しているのです。

どうか、いろいろ愛の豊かさを、異なる中においての共存ということを学んでください。

自分たちだけが決めた中で、自分たちだけしか見えない価値尺度の中で、垂直的に上昇志向でいくだけが、愛の豊かさを学ぶ道ではないと、わたくしは思うのです。

豊かさを学ぶには、ときには回り道も必要かもしれない。

そういう意味では、あらゆるパターンが、この地球では提示されているのです。垂直方向だけで優秀に伸びようとする者は、垂直方向だけで滅びる道にいたることもあるのですよ。

多様性の中で、ともに生かし合うこと、愛の豊かさを学び合うということ。

そして、命の尊さとは、神の愛のエネルギーの表現であるということに気づくということなのです。

12 いつまでもあなた方を愛しています

神の愛の表現が、三次元に形を持つと、命を持った生命の誕生となります。

星々であっても、動植物であっても、その者たちすべてを生かし、営み合いの中で育んでいくのが、宇宙における陰陽の極性による流れであり、そこを通してオームの宇宙から流れ出る愛の生命エネルギーが循環されていくのです。

どうか、どうか気づいてください。

愛というのは赦しであること、生かし合うということ。

そして、己自身の多様性の中で、自分自身の存在の素晴らしさと出会うということ、自分ならではの表現を見つけるということです。

それは、すべてにおいて共通することです。

あなた方を生かし、あなた方を愛し、いにしえより、これからも、未来永劫あなた方がどこに行こうと、わたくしは愛し続けていくものであります。

どうか、それを感じてください。

大宇宙の中に、そして地球の自然界の中に、動植物、鉱物の中に、そして、あなた方の肉体の細胞、血の一滴一滴にまで、わたくしたちの愛のエネルギーは流れているのです。

触(さわ)って確かめられるものの中にも、ちゃんと神は臨在(りんざい)しているのだということを、どうか感じていただきたいのです。


ずっと話したいと思っていました。

今日は会いに来てくれてありがとう。

わたくしに、あなた方へのメッセージを伝えさせてくれてありがとう。


いつまでもあなた方を愛しています。

あなた方を生かし、あなた方とともに、あなた方の中で生き続けるこのガイアの命を、ガイアのエネルギーを感じてください。

地球の中で今住まう我が子たちへ、今日は母からメッセージを送れたことを心から感謝いたします。

ありがとうございました。

テラ様がお持ちになっていた
ビジョンと物質的な構成要素とが
結びついて、地球内部から
上がっていったときに、
その命の水がガイアの愛の流れの中で、
次々と地上に生命誕生させていくという、
そのような過程がございました。

宇宙それぞれの惑星の中には、
それぞれペアの者たちがおり、
その惑星意識たちの個性と、
表現したいという理想に
さまざまなバリエーションがあるため、
星々はそれぞれ独特の輝きと
波動を放っているのです。

【解説】

これまでの概略

［オームによる宇宙創造］

神とは何でしょう。宗教や宗派の違いや国民性により、さまざまに定義されてきたのが神でしょう。

神は根源的な愛のエネルギーです。

すべてを生かし、育む愛のエネルギーそのものが神です。

「宇宙をつくりたい」という神の思いがあって、生まれたのが私たちの宇宙です。宇宙に存在するあらゆるものも、神の「存在させたい」という思いがあって生まれたのです。

私たちの宇宙をつくった神の名前が、今回「オーム」であることが明かされました。

オームは巨大なエネルギー体ですが、宇宙意識と呼ぶこともできます。宇宙そのものがオームの肉体と考えられます。宇宙に存在するありとあらゆるものは、オームの愛のエネルギーで生かされています。

オーム神霊は、男性体と女性体が一体となって宇宙を創造しました。実は、男性体と女性体の合体による新たな生命の誕生は、宇宙における普遍的原理なのです。

まず、個性を持つエネルギー体が創造されました。各個性は、オームにより与えられ、同じものはなく、それぞれのエネルギー体に対するオームの願いが込められています。個性を持つエネルギー体を「意識体」と呼びます。

意識体創造のあと、ビッグバンにより宇宙がつくられました。各意識体は自由意志により、銀河、恒星、惑星に宿りました。なかには人間の肉体に宿ることを選んだ者もいました。それぞれの意識体が、自らの個性を活かすのに最も適していると思う天体や肉体を選んだのです。

「人間は神に似せて創造された」と言われています。意識体だけでなく、肉体的にも人間は宇宙に似ています。私たちの銀河である天の川銀河は、宇宙の心臓にあたります。宇宙全体に、愛のエネルギーという血液を送り出すポンプの役割をしているのが、私たちの銀河系宇宙なのです。心臓はもちろん全身に血液を送り出すポンプです。宇宙を循環している血液は、愛のエネルギーです。

［太陽系の使命］

オームは、宇宙が進歩発展することを望んでいます。その思いを受けて、私たちの銀河意識は新たな計画を立てました。「あらゆるものを受け入れながら、新たな愛の形を全宇宙に発信しよう」と考えたのです。似たようなものが集まって仲良くするのは簡単です。しかし、それでは進歩がなくなってしまいます。

他の銀河では、異質なるものは排除して、自分たちの仲間だけで集まることにより、結果的に宇宙全体の停滞を生んでしまっているという現状があります。それを排除するために、混乱をきたす可能性も受け入れた上で新たな挑戦をするのが、私たちの銀河系の役割だということなのです。

さまざまに異なるものを受け入れ、それらをまとめ上げる中から新たな愛の形を発信する。それにより、宇宙の進化発展をめざそう、ということです。その計画を実行するために生まれたのが、私たちの太陽系なのです。太陽系に属する地球もその目的のために生まれました。私たちの太陽には、恒星意識としての太陽意識が入っています。太陽の男性意識体のことを「聖アントニウス」と呼びます。聖アントニウスのパートナーとしての女性意識体が「セレニティ」です。

すべての太陽系の惑星は太陽から生まれました。はるか昔に太陽から飛び出したのが、太陽系の各惑星なのです。各惑星が太陽の周りを回るようになり、惑星意識がそれぞれの惑星の核に入りました。各惑星には必ず男性体と女性体のペアが入っています。私たちの地球にも、地球意識が入っています。地球意識の男性体を「テラ」、女性意識を「ガイア」と呼びます。

［地球の役割］

太古の昔、ベーエルダ、またはベータ星というマゼラン星雲の惑星から、エル・ランティという方に率いられて、最初の人類が地球に移住して来ました。その後、オリオン座やペガサス座方向の惑星からも大量移住が行われました。ほかにも、他惑星からの移住を受け入れてきたのが私たちの地球です。アメリカ合衆国が「人種のるつぼ」と呼ばれていますが、地球こそ宇宙中の人種のるつぼなのです。

各天体に意識体が宿るように、人間の肉体にも意識体が宿っています。人間に宿る意識体を魂と呼ぶこともあります。魂こそが、本来の私たちなのです。肉体はこの三次元で生きるために、まとう服のような存在です。肉体生命を終えたら、服は脱ぎ捨てて、霊界に旅立ちます。霊界ももちろん地球霊界です。しばらくすると、また霊界から肉体をまとって生まれてきます。輪廻転生を繰り返しているのが私たちです。

新たな挑戦をする太陽系で、愛を学ぶために、宇宙中からさまざまな魂が地球にやって来るのです。それらの魂を受け入れながら、新たな愛の形を宇宙全体に発信しようしているのが地球です。

今まで地球は小学校レベルの惑星でした。基本的なことを学ぶために今までの転生はありました。地球を司る神霊たちは、そろそろ中学校レベルの惑星にしたいと考えています。小学校から中学校になることをシフトアップと呼びます。

そのために、すべての人間は神の子であるということ、人間とは永遠の命を持つ魂で、輪廻転生しているということを、共通認識として持っていただきたいのです。世界中に共通認識が伝えられることが大切なのです。

シフトアップは、宇宙がアクエリアスの時代、または水瓶座の時代という、霊的進化の追い風が吹く時代に、行われなければなりません。まず、一人ひとりが共通認識を持つことによりシフトアップが行われます。そのあとで、肉体自体も変化してくるのです。さらに地球自体も、アセンションという次元上昇を迎えることが可能となります。

地球意識から地球の管理を任されている霊人たちがいます。エル・ランティをはじめとする「九次元霊」と呼ばれる方たちです。巫女であるアマーリエに対し、それらの方がたから最初のメッセージが伝えられたのが一九九八年でした。その後、現在にいたるまで、さまざまなメッセージが多くの霊人たちから送られてきました。それらのほとんどはすでに書籍として出版されています。

地球のシフトアップのためにアマーリエを通じて降ろされるメッセージを、書籍やCD、インターネットを通じて世界中に発信するために、組織されたのがレムリア・ルネッサンスという団体です。誤解されることもありますが、宗教団体ではありません。

これまでの書籍は、人格霊からのメッセージのみでした。二〇〇七年になってから、人格霊を超えた、惑星意識から宇宙意識までのメッセージが伝えられるようになりました。本書では、それらのメッセージを収載しています。今まで、このような形でメッセージが伝えられたことはなかったはずです。各神霊たちのメッセージを、一人ひとりが自分に対するものとして受け止めていただきたいと思います。

［各章の解説］

各メッセージ収録後のアマーリエのコメントを中心に、各章の解説を記します。

第一章の解説

第一章は、宇宙神霊であるオームからのメッセージです。宇宙意識について、恒星意識や惑星意識と比較しながら、アマーリエは次のように述べています（以下、ゴシック体はアマーリエのコメントです）。

恒星意識から惑星意識というように、下に行けば行くほど、直線的な集中力が強くなります。地球意識には、重力と同じ方向の、ストイックな直線的な意志があります。その、内側に向かって集中する意志が、惑星意識にはあるのです。

それに対し、上に行けば行くほど、たとえば恒星意識であれば、「光りたい」というような意志がどんどんなくなってくるのです。ただ、一切の無限の可能性を抱きしめている感じになります。

恒星意識は、外に向けて「一切を育みたい」という思いのエネルギーの流れを出していらっしゃいます。それが、宇宙意識は、ご自分で「羊水、生命を育む水」っておっしゃっています。ほんとうに、形があってないような、でも一切を知って、大海のような、愛を育む栄養をいっぱい持ちながら、そこでチャプチャプと私たちは浮きながら、育てていただいたんだっていう、そんな感覚を持つようなエネルギーです。

［ワンネスということ］

オームからのメッセージで、「ワンネス」という概念や、「あなた方はわたくしであり、わたくしはあなた方である」という認識についても言及されています。

海の水は一滴でも塩水で、海の水じゃないですか。そこになみなみとある海を指しても海で、一滴取っても海の水だから、それにおいては変わらない。でも、みなが集まったときに海というものを形成する。その中のひとすくい、一滴であったとしても、あの海の水が湛えてる可能性と同じものがそこに入っている。

海の中からいろいろな生命が育まれてきて、何もない水ではなくて、一滴であったとしても、同じ属性はちゃんとそこに湛えている。私たちはそういうものですよ、ということ。

私たちは今、一人ひとりに分かれて一滴一滴のように見えるけれども、皆の意識が愛という思いでつながったときには、大海という海のうねり、圧倒的な愛の思いの中で、愛の流れとして遍在しているということなのです。

皆さんはオームの一部であって、オームはあなた方の成長をもって、オーム自体も成長進化発展しているっていう相互関係があるのです。

だから今まで、ずっと見守られていたんですよ。でも気づけなかったのは私たちのほうだけで、向こうは親のように無償の愛を与えてくださりながら、見守ってきてくださったのだと思うのです。

「気づいたならば、わたくしの存在を呼びなさい」と。そして、気づくとまた協力していただけるし、援助も受けやすくなるし、それによって自分たち自体が進化していくこともできるのです。

一人ひとりみんな問題は違う。でも、それを外に向けるのではなくて、心の中にあるものを通して、オームとつながっていく。それが、「宇宙即我」なのだと思うのです。

〔黄金のチップ〕

オームは「アセンション」についても言われています。

今まで、アクエリアスの時代に、一人ひとりの認識が変わることによりシフトアップが可能になるとされていました。オームはアセンションについて、「地球意識が次の次元に行きたいと、創造したいと、次のステージに行きたいと思う思いと、そこに住まう者たちの認識力が、そしてその時期が、すべてが合ったときに、その惑星は次のステージの使命を与えられるのである」と明かしています。地球神霊の次のステージに行きたいという思いも、必要だということです。

オームからのメッセージのあとで、「黄金のチップや地図という言葉で表現されるものは何か」という質問がありました。それに対する答えも含めて、オームからのメッセージを、次のようにまとめています。

皆さま方はオームだし、オームは皆さま方という肉体を持ってこうやって現れて、ご自分を一生懸命表現していらっしゃる。皆さま方が成長していくことがオームの喜びであり、そして、宇宙が進化していくことでもあるのです。だから、地球の中の教えでは、「神の子」という言い方をされてきたのです。

「神そのものであるあなた方は」という言い方をされましたでしょ。だから、海の水だと思ってください。海は海だけども、その一滴であってもその属性と可能性においては海の水で、変わらないのです。一滴であっても、大海すべてであっても海の水なのです。一滴になったから、薄まって何か違うものになったということはないでしょ。

私たちは一滴一滴かもしれないけれど、宇宙の神の身体（からだ）、宇宙の神のエネルギーそのものと同じであるということなのです。だから、あなた方は「神の子」と言われているけれど、神そのものであるのです。そして、オームは「わたくしはあなた方であり、あなた方はこのオームそのものなんだよ」と、言われているのです。

「だったら、わたくしがやってきた創造原理というものを、あなた方も使いこなせるはずであろう」と、「その力を忘れていただけであろう」と、「自分の創造性、自分の可能性を開くそのチップを、かつて渡してあっただろう」とおっしゃっているのです。「金庫に大事にしまってあるそれを、金庫の鍵を開けるために、九次元霊は正法（しょうほう）という教えを、霊言集とかを通して、地上に降ろしてくださったんだよ」と、「それは、神の子としての金庫を開ける鍵なんだよ」と、「だから、法を学んでも、それを使わなくては、少しもその金庫は開かないよ。法を法としてだけ奉（たてまつ）って、読んだだけで、理解してもだめだよ」と、「その教えをもって、金庫を開けなさい。開けたら黄金のチップを出しなさい。それは次の次元にあなた方が羽ばたくための地図になるだろうし、その可能性を開いていくのです」ということなのです。

「チップ」という言い方もされてます。コンピュータ関係に詳しい方はご存じでしょう。その黄金のチップ、それがみんなの中に入ってて、それを使い始めたときに神と同じ力を持っていくということなのです。

「それを使って、慣性の法則で暗闇に突入しようとしている地球の未来を、軌道修正せよ」と、「そのためにあなた方は自覚しなくてはいけない」と、「そのための今回の救世の法なのです」と、そこに戻ってくるのです。それがオームからのメッセージの主旨でしょう。

メッセージの終盤、「しかし、このまま行くと負の方向に行く。それを阻止するために、時をずらしてまでその可能性を地球の未来のために、今ひとたびの呼びかけが行われたのであると、認識している」について、少し説明します。

今回の地球シフトアップ計画は、頓挫しかかっていました。地球を任された九次元霊たちの、当初の計画通りには進まなかったのです。万が一の場合のために用意されていたのが、アマーリエを中心とする計画だったのです。それを発動し、軌道修正するために、九次元霊たちが、惑星意識やそれ以上の神霊たちに時の猶予を願い出て、地上の人間たちに呼びかけが行われたということなのです。すでにレムリア・ルネッサンスから出版された書籍を参照していただければ、より深い理解が可能となります。

第二章の解説

第二章では、太陽意識である聖アントニウスから、太陽系の使命、その中での地球の役割までを、銀河意識の視点も含めて語っていただきました。

［究極の二元論］

銀河系の使命の中で、最も難しい役割を引き受けたという点で、地球は「銀河系のプリンス」と呼ばれます。どうしてそのように呼ばれているのでしょう。

新たな愛の価値観を示すには、常にほかの惑星がやらないような挑戦をし、行動実績として発信するということ。それが銀河系の使命であり、銀河系の中の太陽系の使命なのです。それを「いちばん難しいけど担いましょう」と言ったがゆえに、「プリンス」と呼ばれたということなのです。

「究極の二元論」を学ぶ惑星が地球だといわれています。

「究極の二元論」には、まず、陰陽の二元論があります。地球には大きな月があり、月には、聖アントニウスのパートナーであるセレニティのエネルギーの一部が宿っています。地球が陰陽の中からエネルギーを生み出す場所として、期待されていることがわかります。

もうひとつの「究極の二元論」の意味は、光に対する暗黒面という意味があります。本文では、「神の子たちのエゴの集積が暗黒面」とされ、「これほどに神によりつくられた神の子たちのエゴというものが集積し、暗黒面を強くつくり出してしまったところはない」と、地球のことを述べられています。

さらに本文では次のように言われています。

「暗黒面」はあなた方のエネルギーの一部である。一種エゴとも、野獣性というけれども、そのエネルギーを使って、人類もすべて進化してきた。それが究極になったとき、そのエネルギーを切り捨て、忌み嫌うのではなく、自分の中に取り入れ、自分たちのエネルギーとして吸い上げ、飛躍するチャンスとしていくこと。その中にこそ、真に究極の愛の、無限に進化する道があるのだということを、あなた方がこのシフトアップしたあと、地球から全宇宙に向かって発信していくのである。

地球がシフトアップする姿を見せることにより、全宇宙が進化発展することにもつながるということを言われています。それが心臓に位置する銀河系の惑星の意味でもあるということなのです。

銀河っていっても、私たちの銀河系だけではありません。マゼラン星雲とかも含めて、大宇宙全体の進化につながるのです。オームが「あなた方が今回ステップアップすることが、ひいては全部共鳴して大宇宙の、このオーム全体の進化に反映するんですよ」って言われていたのも、こういうことだったのです。

その挑戦と進化。それが、神の愛のエネルギーである血液を発信する場所にいる者が担う使命だということなのです。

第三章の解説

本書に収載されたメッセージの中で、最初に降ろされたのが、第三章のセレニティからのメッセージです。セレニティは太陽意識、聖アントニウスの魂のパートナーです。

[「女性の法」の意味]

「究極の二元論」のひとつは「陰陽の二元論」です。男性性の陽に対し、女性性は陰です。「人間いかに生きるべきか」について、哲学的、宗教的、道徳的に、古来いろいろ言われてきました。しかし、そのほとんどは男性の視点から見たものでした。女性がいかに生きるべきかについて、語られなかったわけではありません。ただ、男性性とは根本的に異なる女性性という視点に立って、明かされたことはなかったでしょう。

地球の衛星は月です。月は衛星としては、太陽系の中でも大きなものです。地球に月があるということも、陰陽という視点から意義深いものがあります。月は女性性の象徴でもあります。実際、月にはセレニティのエネルギー体の一部が宿っています。地球ができたときから、セレニティが「女性の法」を降ろすという約束だったと言われています。

今回のアクエリアスの時代に、地球は次のステップに上がろうとしています。その時に、「女性の法」を降ろすことになっていたということなのです。地球始まって以来、初めてセレニティから伝えられた「女性の法」です。女性性というものが持つ根本的性質が説かれています。

［女性性の本質］

それまでアマーリエは、人格霊以外から、まとまったメッセージを受けたことはありませんでした。当日、ほとんど女性ばかりが集まっている中で、本メッセージは収録されました。エネルギーを消耗したアマーリエは、収録後に倒れてしまいました。そのように無理をさせてでも、「女性の法」を地上に降ろさなくてはならないというのは、「九次元をはじめとする、地球を守ってこられた、霊人たちに対する、わたくしのお約束事であったからなのです」と述べられています。

いったんは、そのチャンスが消えかけたかに見えた今回の計画でした。

「でも、大きな大きなターニングポイントは、神のほうへ向かったのです。ひとたび神の方角に向いていた道が途絶えました。しかし、今ひとたび、人類がめざす方角はまた神のほうへ、神の子として生きる道を選択するほうへ、あなた方は歩み出したということ、その可能性を開いたということなのです。それは、地球の未来を明るく切り開くものとなりました」というように、人類が再び神のほうへ向かったことにより、女性の法を降ろすことができるようになったのです。

本メッセージの中心テーマは、「女性性の本質」です。

女性がどうあるべきかについて、今まで明かされたことはありませんでした。歴史の流れの中で、さまざまに言われたことはありました。しかし、それらは、男性より劣った存在として冷遇されるか、極端に甘やかされるか、どちらか一方に偏（かたよ）っていました。その中で女性たちは、男性と競ったり、有頂天になったりと、揺れ動いてきたのではないでしょうか。それらは、「女性性」の本質に対する無知に起因しています。

男性の陽のエネルギーを受け入れ、それを自らの内で変換させるエネルギーを持つのが女性性だということです。男性と競うのではなく、まず受容性をもって受け入れることの重要性が強調されています。さらに、女性性の愛のエネルギーの中で変容させることにより、新たな創造が行われるのです。女性性のエネルギーにより、地球を救い、新たな時代を切り開きなさいと、力強く、言われています。

「女性の法」を「金星の法」と呼ぶのは、ヴィーナスが優美さを象徴しているからだと言われています。最後に女性たちに、「美の表現者たれ」という提言をされています。

第四章の解説

第四章は、大天使ミカエルからのメッセージです。

［光と闇（やみ）の二元論］

ベーエルダから最初の人類が地球にやって来た時、大天使ミカエルをはじめとする七大天使もやって来ました。この移住前に、大規模な宇宙戦争があったことが、今回初めて大天使ミカエルから明かされました。異星人からのメッセージで、「オリオン大戦」と呼ばれている戦争です。その戦争の発端となったのが、ルシという者でした。ルシを連れて、ベーエルダから地球に来た経緯が明かされています。

今まで隠されていた内容を、どうしてここで明かす気になったかというと、第二章に収載しましたが、聖アントニウスから「究極の二元論」という言葉が出たからでした。この場合の「究極の二元論」は、光と闇の二元論という意味です。

聖アントニウスが、「暗黒面を強くつくり出してしまったところはない」と明かされたことに対し、どうして地球にそれほどの暗黒面ができてしまったのかということを説明しています。

収録直後のコメントです。

ミカエル様ご自身の口からこの話をされるのは、たぶん初めてだと思います。さんざん迷った末、ミカエル様ご自身が話すのがいちばん適任であろうということだったのでしょう。ミカエル様か、エル・ランティ様しかないと思うんですけど。見てて、ミカエル様がすごく沈痛なんです。傷口というか、いちばん自分ひとりでしょってきたところを話すというので、おつらいのだと思うのですが、でも、それをあえて、今人類に話をしなければ、自分の責任として、やはり償（つぐな）えないだろうと、そう思われたという気がします。

その上で、「あえて非難されても、その責めは受けて立とう」と、ミカエル様はそういう方です。言わないほうが、よかったでしょうが、でも、これがわかると、またすごく見えてくる角度が違いませんか？　「そうだったんだ」っていうことが、すごくありますよね。

そうじゃなきゃ変ですよ。「暁（あかつき）の子ルシフェル」っていったって、大天使クラスでそれだけ力のある者が、こんなサタンのようなことを起こすわけないでしょう。どうして、ミカエル様が悲壮なかっこうで、脇にいつもいるのか。それは、彼がルシを連れてきた責任で、彼を暴れさせないように封印してたんですね。そして、ルシ自体にもその修行の場を与えてくださっていた、と同時にチャンスを与え続けた……。

以前、「彼を地獄の底に封印したのは、そして天上界に帰って来ることを許さなかったのはミカエルだった」と、マヌ様がおっしゃってました。「でも、それによって、ルシはまた修行するチャンスを与えられたんだよ」って言って、どういうことか、ちょっと私そのときわからなかったんです。でも、そのお目付け役を引き受けてくれたことによって、ルシのエネルギーを封印する剣を授かっているということ、そのミカエル様がいてくれるおかげで、ルシは完全消滅させるのではなくて、まだまだ再生の道を神により許されていたっていう、そういうことですよね。ああ、そういうことだったんだと思いました。

それから、びっくりしたんですけれども、エル・ランティが、トップクラスなのに、どうしていつまでも九次元から上がらないのかなと思っていたけれど、ルシを引き受けてさまよっているって言ったらおかしいけど、こういうところにいるから、その責任上離れられないということがあるということですよね。ご自分のそういうことよりも、何よりも、ルシを愛している、このルシを監督するのは私しかいないと、そうしなかったら周りにも迷惑をかけると、そんなすごい使命を帯びていたんだなって、思いました。エル・ランティは愛の深い方だなと思いますね。

第五章の解説

第五章は地球意識の男性体であるテラからのメッセージです。テラからのメッセージを受ける前の状況を次のように説明していました。

今、地球の青い上空から、地上を見ています。とても美しく青い地球です。多くの人びとの生命波動が、宇宙空間に向かって放たれている。「生きている星」というバイブレーションを感じます。もし他の天体から地球に来た方が見たら、「地球にはこんなにもさまざまな国々があり、民族があり、国家があるんだな」、「すごくにぎやかな星だな」って思うと思います。他の星も見せていただいたりしていましたが、「ああ、これが三次元的な生命力の開花している星なんだな」っていう躍動感みたいなものが、地球からは感じられます。

そして、いざなわれるように今、地球の内部のほうに向かって急降下しています。この空間は地上ではないです。地球の身体の中にある、地球意識の霊体です。やはりらせんのように、渦を巻いたようなところで、今、地球の内部意識の中に入っています。

人格霊ではないとはこういうことですね。地球の球体の中に、光の玉のようにみっちりと、霊体が入っています。これが地球の魂でしょうか。霊体の色が、やはりブルーと白の色を持っています。不思議です。今、らせん状に、導かれるように、地球の核のところに降りて行っています。

核の内部に入りました。なんとも言えない、やさしい、懐かしい、万物を愛してやまない、「いとしい」という思いに溢(あふ)れた意識に包まれています。私はどなたと話せばいいのでしょうか。この、今、私を包んでいるこの球体の意識、それが意思を持っているんだって感じます。この内部の核のところ、そこにひとつの強い意思が働いています。たぶん、これが重力の力なのでしょう。重力というのは地球意識の意思そのものなのですね。そう感じます。

地球の霊体の中を、今見ています。今、見守られているのはわかるのです。でも、何も語られないということは、私に今、地球の霊体の中を見せてくださっているのだと思います。

［一切の命を育む思い］
収録後のコメントです。

地球の内部に入っていくところも、竜巻の上から入っていく感じなのです。渦を巻いている上のほうから、下に降りていくんです。

すると、地球の内部に核があって、そこはもう無条件の圧倒的な、愛という言葉で言い表せないような、一切の命を育む思いがあるのです。

それは、人類だからといってえこひいきしないのです。動物も植物も、鉱物も、すべてをいとおしく、いとおしく育むという、抱きしめられているような思いです。「これが地球意識なんだ」っていう感じです。

そして、かなり強いご意思っていうか、信念というのを持っていらっしゃる。ご自分が傷ついても、「そんなことはどうでもいい」と、「どんな環境を与えても、自分たちがエゴな思いがあったら、あなた方が苦しいだろう」と、「あなた方が傷ついて、毎回苦しんで、のたうち回って、死んでいくのであろう。天変地異においても、戦争においてもね、すべてあなた方がそこをわからなかったら、どれだけわたくしが生かしておいてあげたいと思ったって、生かしてあげることはできないんだよ」っていう、「それを見させないでくれ何度も」と、「それがいちばんつらいんだ」ということですね。

「ほんとうは、地球意識自体ががん細胞に冒されたようになって、苦しんでらっしゃる」ってことをミカエル様からも伺っています。でも、そんなことをひと言もおっしゃらないで、私たちのことばかりを心配していらっしゃる。

「永遠の魂の中で、どれだけ自分を傷つければ気が済むんだ」と、「もういいかげんに傷つくのをやめて、自分自身たちでもう目覚めなさい」と、「そういう幸せな姿を見たいのが親であるよ」と、そういう抱きしめ方をしながらいてくださる。やはり、テラ様というのは地球のお父さんですね。ガイア様はお母さんですね。わたしたちは、神の子たちであると同時に、地球という惑星の家族の中で、子どもたちなんだと思います。

私も子どもがいるからわかりますが、どれだけできが悪くても、いたずらっ子でも、親の言うことを聞かなくても、逆に、そうであればあるほどかわいいものです。そういう思いの中で、私たちを抱きしめてくださっていると、心配してくださっていると、感じるのです。

ご自分が、今こんなに傷ついて、大変なときなのに――。私、「地球意識のほうが苦しいんじゃないかしら」って、何度か思いながら、意識を向けたんですけど、自分のことはおっしゃらなかったです。

「わたくしが苦しいのなんか、全然かまわない」って言うのです。実際は、傷つけられて、ほんとうにボロボロです。でも、じっと痛みの中で我慢して、時を待ってくださってて、それでも、その時の猶予の中で、気づいてほしいという――。「ほんとうにお節介なことかもしれないけど、気づいてほしいんだよ」という、何か田舎のお父さんが手紙を書いて、切々と語ってくれているような、肌感覚で愛が伝わるんです。

オームと比べても、やはりちょっと入り方が違うなという感じですよ。すごく垂直な、というか、求心力のある意思というのを、今回地球意識では感じました。

その反面、ガイア様の意識は脇で微笑まれておられるという感じです。すごく流動性があって、命を生かそうという思いです。やはり宇宙というのはすべてのものが、男性性と女性性というもののエネルギーの協力のもとに成り立っているんだなと、感じさせられました。私たちは、その惑星意識の中の子どもたちであり、大宇宙の神の子であるという、そういう構造があるのだと、感じました。

［テラとガイアの姿］

テラ様のほうは、とてもダイナミックなのです。見てると、空間を固定し、位置づけるというのは、強靭な意思がいるのです。重力をつくって、地球の核をつくる。それは「ここに星ありき」という、ものすごい強靭な、男性の強い陽の意識です。それが、空間の中にひとつのものを固定させていく力になっています。

男性的なパワーで形をつくり、環境をつくったあと、そこに命を吹き込んでいくのが女性性です。「母なる大地」っていう、その「母なる大地」にしていくのは、そこに命の種を宿し、育てていくという愛の思い、それが女性性なのです。それに、水がものすごく関係しているという感覚なのです。

地球の核の中に、思いとして生命のもとになる、フリーズドライしたような原型があるのです。そこに水という命が染み渡っていくと、それが息を吹き返したように形になるのです。

地球の中で、このような環境、命を、つくろうと、「つくらしめん」という思い、それがあって、そこに水という命の、生命の泉が流れていったら、それが地上に命として、生命体として動き出すという、それが全部地球の中に入っていたということなのです。

テラの姿について尋ねられ、聖アントニウスの場合と比較しながら、次のように答えています。

太陽意識の場合は、太陽があって、熱くないんだけど、ものすごくまぶしい身体があって、そこに黄金の翼とプラチナの羽を着けた美しい方が出られて、その方、聖アントニウスがお姿を見せていただいて、そこでお話をしたんです。

地球意識の場合は、ご本人の姿は全然見えませんでした。外側からこういうふうに抱きしめられているような、内側から出てくるような、私を包み込む感じです。外からも内からも、「一体なんだよ、私たちは」っていう、そこの意識からの語りかけなので、私がいてあちらがいるという感覚ではないのです。

［地球環境について］

テラからのメッセージで、地球環境について述べていますが、以下はその補足です。

地球自体の意識では、海面の高さが上がろうと下がろうと、それは自然の摂理で関係ないんです。CO_2で汚れても、困るのは人類でしょ。過去の地球では、CO_2よりもっと危険な、亜硫酸ガスの濃度が高いときがありました。困るのは地球じゃないんです。「地球を守れ」って、地球の問題にすり替えてるでしょ。

地球もつらいけど、「それ以上に困るのはあなた方だろう」って、「あなた方がいちばん苦しいだろう」って、「そこに気づいておくれ」ということ。

原因結果の法則から起こっていることだということ。そこのところがわからなければ、問題をすり替えても、根本的な解決にはならないんだよということです。

大自然を守るとか、それも大事なことだけど、大自然の心を学ぶということが大事なのです。大自然の心というのは神の御心なのです。愛の御心なのです。大宇宙の愛の思いが、そのまま大自然の中に流れているのです。そこの御心を学ぶということが大事で、「表面的に環境保護をしてもだめだよ」ということを言ってるのです。

「人類は、みなもう家族なんだよ」と、「地球という運命共同体なんだよ」ということを、おっしゃってました。

テラからのメッセージの最初に、「あなた方の仲間が、過去幾度かわたくしのもとを訪れたことがある」と言われています。どのような人びとが訪れたのかという質問がありました。それに対する答えです。

ムーの方たちは、地球意識とずいぶんお話になったみたいです。大自然のアミニズムですね。地球意識とも話せる方たちが多かったみたいです。あと、インカとかのネイティブ・アメリカンの人たち、あと、エジプトの方、ヒマラヤの方たちも、地球意識とお話をしていました。

地球意識は、田舎のお父様です。子どもから手紙が来たらうれしいでしょ。電話がかかってきたらうれしいでしょう。大喜びで取って、電話すると思います。

自然の中に深く入っていけば、地球意識とのコンタクトはできるみたいです。表面的なエコロジストはだめだってことです。地球の精霊と、大自然の精霊と、話をしていくようなことですよね。自分自らもスピリットであると、そういうふうに自覚して、自然の中と会話をすればいいんだけど、人間は人間だと、死んだらこれっきりだっていう思いでエコロジストになっていったって、手前勝手なエゴイスティックな環境論を言うしかないでしょ。「そんなものは意味がない」って、おっしゃっています。

第六章の解説

第六章は、地球意識の女性体である、ガイア様からのメッセージです。収録前の様子です。

今日は宇宙空間に出るのではなく、私自身の中に入っていくという感じです。自分の身体の中にある血液、水、その中にガイア様と通じる道があります。皆さま方も深く深くご自分たちの命の源へ、降りてみてください。その命の源は、地球のガイア意識とつながり、そして、私たちの命を大宇宙の命の源へとつないでいてくれています。

ガイア様は、地球の中にあられる女性意識、母なるお方です。

ガイア様からのメッセージを伝えた直後のコメントです。

「神の愛は、太陽のようなものだ」と、伺(うかが)ってましたが、その太陽というのは、陽性の光です。それはわかっていたつもりでした。でも、こんなにも内側から愛されて、抱きしめられていたんだっていう、そのエネルギーに、私は気づけなかったです。それを、気づかせてくださったと思うのです。

ルシファーのことも、誰よりも愛していらっしゃって、彼に行き場をつくってくださって、「最後までルシファーとともに生きる」と、おっしゃっている。そんな深い愛を持った地球という惑星に、私たちは生かしていただいているんだと、ほんとうに幸せだなと、誇りを持つことができました。

この地球という惑星に、悪い化学物質を入れちゃだめです。水っていうのは、ひとつの波動を固定化する、ビジョンを固定化していくのです。そうやって、ビジョンというのは固定化して、命というのを送り込むそうです。水の協力がなければ、いかなる生命体も形を持てなかったというのは、そういうことなんだそうです。

男性の、その陽の力っていうものとまた違う、戦う気力をルシファーにもなくさせるんじゃないかと思うような、そんな深いやさしい、ほんとうに「地球のお母様」っていう、そういうエネルギーと協力して、すべての宇宙は成り立っているのです。

力でいく者は力で滅びるのです。「力じゃないのよ」っていうこと。力で戦おうとする者をも愛で包んで、力の論理をくじいてしまうような、これがガイア様です。

目に見えない神ではなくて、私たち、自分の身体だったら触れるじゃないですか、「この身体を抱きしめながら、神の愛とか、神の命、エネルギーというものを感じ取ることができるでしょう」っておっしゃってる。

ほんとうに、ばーっと身体が透明になって、身体の中の体液、細胞の隅々まで水分が入っているでしょ。それの中をがーってそこが光って、「ガイアです」って、中から上がってくる感じ。そんな感じが、ガイア様の今回の現れ方でした。

なお、本書に収載されたメッセージは、ＣＤで聴くことができます。詳細は、レムリア・ルネッサンスの公式ホームページをご覧ください。

公式ホームページ URL：http://www.lmr.cc

あとがき

これまで私たちは、人格霊からのメッセージをお伝えして参りました。各霊人たちは、それぞれ個性豊かに自らを表現していました。本書では、人格霊を超えた、惑星意識から宇宙意識までのメッセージを、地上の人びとにお伝えしております。今まで想像していた以上にそれぞれの神霊たちが個性的で、愛に満ちあふれていることを感じていただけたことと思います。

第一章のオームは、「ワンネス」という認識に関連して、「あなた方はわたくしであり、わたくしはあなた方である」と繰り返し伝えています。解説の中での海の水のたとえが、「神の子」や「神そのもの」の理解に役立つものと思います。また、「黄金のチップ」や「神理の鍵」、「地図の一片」という表現がとても印象的です。それらの表現を用いながら、「神の子たちに分け与えた創造力を使いこなし、暗闇に突入しようとしている地球の未来を軌道修正し、アセンションに至りなさい」と、地球の神の子たちに力強く促されているのです。

第二章の聖アントニウスは、銀河的立場からの太陽系の位置づけ、そして地球の負った使命を明かしています。「究極の二元論」という言葉を使って、光と闇を内包する地球の姿を表しています。恒星の「内的ビッグバン」によるエネルギー供給を引き合いに出しながら、地球が行おうとしている無限の挑戦を説明しています。その挑戦のために、地球には月が存在し、そこに自らのパートナーであるセレニティを派遣していることも明かしています。「究極の二元論」には陰陽の二元論という意味も含んでいることにも注目したいところです。

私たちが今まで知らなかった地球の使命、それを果たすことが宇宙全体の進化発展につながるということ、そのために地球が宇宙全体から注目されているという、驚くべき事実も明かされました。

第三章は、聖アントニウスのパートナーであるセレニティからのメッセージです。女性性の本質について、女性とはどうあるべきかが説き明かされています。今回、地球が次の段階に至る前に「女性の法」が説かれるということは、遥か昔より決められていたことでした。本章は、その約束が果たされた記念すべきメッセージなのです。

第四章は、本書で唯一の人格霊からのメッセージです。第二章で、聖アントニウスから「究極の二元論」という言葉が出されたのをきっかけに、今まで地球人類に明かされたことのない、ルシファーの真の姿が語られています。大天使ミカエルの思い詰めた表情に込められた、沈痛で必死な思いが伝わってきます。また、「ルシを見捨てることができない」という言葉に、大天使ミカエルの思いが込められているようにも思われます。

第四章を読み、地獄の帝王ルシファーの存在が、読者に重くのしかかってくるのではないでしょうか。しかし、それが第五章から、本書のクライマックスである第六章への伏線ともなっているのです。

第五章は、地球意識テラからのメッセージです。地球はテラの肉体です。地球人類の悪想念が蓄積し、御自身相当苦痛を感じているはずなのです。しかし、痛みに耐え、地球の神の子たちを信じ、愛し抜こうという決意が伝わってきます。「銀河系のプリンス」と称される、地球意識テラの御心を実感していただけたことと思います。

テラからのメッセージの終盤に、ガイアからの伝言が出ています。今回は当初、テラからのメッセージで終わる予定でした。しかし、その後「わたくしにも伝えさせてほしい」と、ガイアから強い希望が出されました。そして、ガイアからのメッセージも収録することになったのです。

本書の最終章にガイアからのメッセージを収載することができ、ほんとうによかったと思っています。読者の皆さんは、ガイアの圧倒的な愛に魂が揺さぶられたのではないでしょうか。私たちは、こんなに大きくて温かい地球の母の愛に包まれていたのです。

テラとガイアが夢見た「愛の星、地球」を実現するのは、地球の神の子である私たち地球人です。オームをはじめとする神霊たちに、今まで愛され育てられてきたことを思い、今こそ地球人である私たちが力を合わせ、シフトアップを実現しようではありませんか。そして、地球から宇宙全体に新たな愛の形を発信しましょう。

本書の発刊にあたり、5次元文庫の石井編集長には並々ならぬお力添えをいただきました。また、編集担当の橋上さんにもさまざまなアドバイスをいただきました。心から御礼申し上げます。

本書が地球の進化発展のお役に立つことを願ってやみません。

レムリア・ルネッサンス

[アマーリエ]
1956年東京生まれ。教育者の家庭に育つ。キリスト教系のミッションスクールで学び、信仰心を育む。大学では哲学を専攻。卒業後結婚し、５人の子どもの母として、またよき妻としてごく普通に幸せな結婚生活をおくる、気さくで、社交的な、一主婦である。
しかし、1998年春より天上界の最高次の霊人が彼女を訪れ、メッセージを降ろし、これを世界に伝えるという役を引き受けるよう依頼された。なぜこの時期までこの役目が封印されていたかということも明かされた。子育てに忙しい時期でもあり、一時はためらったが、巫女（みこ）としての役目を引き受ける決心をした。
これ以降、2002年秋より100人を超える天上界の霊人からのメッセージが彼女を通して降りはじめ、メッセージ集としてこれまで20冊の本を世に送り出している。彼女は非常に精度の高い、類（たぐい）まれなチャネラーであり、天上界の特別な協力もあって、非常に高い次元からのメッセージを受けることができる。

[レムリア・ルネッサンス]
アマーリエを介して天上界から降ろされるメッセージを記録し、書籍やＣＤ、インターネットを通して世界中に伝えるための団体である。「謙虚に愛深く、そして楽しく」をモットーに、「愛の星、地球」を目指して活動を続けている。

ガイアの祈り
光ある愛の星にアセンション

5次元文庫036

初　刷　2008年10月31日
3　刷　2008年12月10日
著　者　アマーリエ

発行人　竹内秀郎
発行者　株式会社徳間書店
〒105-8055　東京都港区芝大門2-2-1
電　話　編集(03)5403-4344　販売(048)451-5960
振　替　00140-0-44392
編集担当　石井健資
印　刷　図書印刷株式会社
カバー印刷　近代美術株式会社
製　本　ナショナル製本協同組合

ISBN978-4-19-906040-3